章 程 编著

换个方式爱孩子
男孩写给父母的60封信

APCTIME 时代出版传媒股份有限公司
安徽教育出版社

图书在版编目（CIP）数据

换个方式爱孩子. 男孩写给父母的 60 封信 / 章程编著.
—合肥：安徽教育出版社，2015
ISBN 978-7-5336-7332-1

Ⅰ.①换… Ⅱ.①章… Ⅲ.①家庭教育 Ⅳ.①G78

中国版本图书馆 CIP 数据核字（2015）第 037485 号

换个方式爱孩子——男孩写给父母的 60 封信
HUAN GE FANGSHI AI HAIZI——NANHAI XIE GEI FUMU DE 60 FENG XIN

出 版 人：郑　可	
质量总监：张丹飞	
策划编辑：鲁金良	
责任编辑：吴晓东	
装帧设计：袁　泉	
责任印制：王　琳	

出版发行：时代出版传媒股份有限公司　安徽教育出版社
地　　　址：合肥市经开区繁华大道西路 398 号　邮编：230601
网　　　址：http://www.ahep.com.cn
营销电话：(0551)63683012，63683013
排　　　版：安徽创艺彩色制版有限责任公司
印　　　刷：合肥创新印务有限公司

开　　本：880×1230　1/32
印　　张：12
字　　数：234 千字
版　　次：2015 年 5 月第 1 版　2015 年 5 月第 1 次印刷

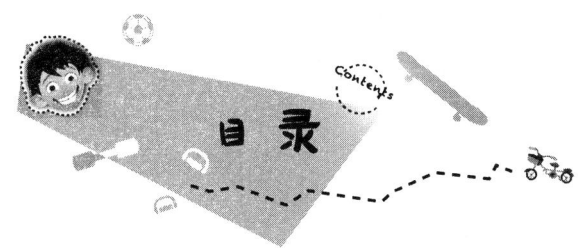

目录

第一章 重新认识男孩的内心世界

2　为什么不让我做实验?
　　——理解男孩的冒险心理

7　您为什么不让我抓住那个小偷?
　　——理解男孩的英雄情结

13　他当上了班长,我不服气……
　　——理解男孩的竞争心理

21　我不是故意打碎镜子的!
　　——理解男孩的探索心理

27　别理我,烦着呢!
　　——理解男孩的情绪表达

34　周六周日我要好好玩一场!
　　——理解男孩"用不完"的精力

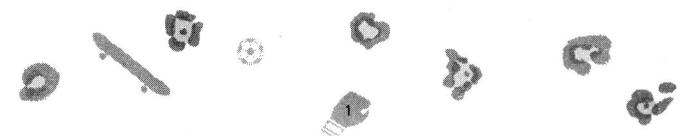

45　将来有没有出息是我自己的事!
　　　——理解男孩的逆反心理

54　原则,义气,我该选择哪个?
　　　——理解男孩的义气之心

58　我也挺后悔的,但我就是控制不住……
　　　——理解男孩的固执与任性

64　我长大了,和小时候不一样了……
　　　——理解男孩的代沟反应

第二章　男孩尤其需要平等与尊重

74　我不想再和您讨论这件事了!
　　　——和男孩进行真正的、有效的讨论

79　您是不是偷看我的信了?
　　　——把隐私权还给男孩

84　请让我参加春游,好吗?
　　　——放下"一家之主"的架子

90　我受够了,你能不拿我和表哥比吗?
　　　——别总拿孩子跟别人对比

95　我没想到您会跟我道歉!
　　　——勇于向孩子道歉

101 　我对您太失望了!
　　　　—— 倾听是和男孩有效沟通的前提

109 　爸爸,您是不是有心事?
　　　　—— 试着把感受向孩子倾诉

114 　那个节目"烂死了"!
　　　　—— 原谅"顶嘴"的男孩

119 　我今天逃学了……
　　　　—— 别总是追究男孩的错误

130 　爸爸,其实我没有去学校上课……
　　　　—— 理性面对男孩的撒谎行为

137 　您对我很好,可是总让我觉得有距离……
　　　　—— 试着了解孩子对自己的看法

143 　您能不能开放一点,别那么老古板呢?
　　　　—— 束缚的引导不是真正的引导

第三章　培养一个心理强大的男孩

152 　谢谢您对我的支持和鼓励!
　　　　—— 鼓励男孩班门弄斧

158 　明天我不想去上课了,行吗?
　　　　—— 毅力是男孩成才的必要条件

164　今天是我的错……
　　　——男孩的成长离不开反省

170　您交给我照顾的花死了……
　　　——让责任感与男孩的成长同行

176　妈妈，我想转学……
　　　——提高男孩的耐受挫折能力

182　谢谢您！我的心情好多了！
　　　——塑造男孩乐观的心态

189　这次由我来安排旅行的事宜，行吗？
　　　——培养孩子的领导能力

195　他们都说我是个自私的人……
　　　——改变男孩的自私心态

201　我这是自信，不是自负！
　　　——帮助男孩克服自负心理

第四章　男孩成长中的学业"危机"

208　你累？我每天学习更累！
　　　——别让男孩把学习当成负担

214　再不离开学校，我会憋疯的！
　　　——疏导男孩的厌学情绪

221　李老师就是对我有意见!
　　　——男孩与老师关系不好怎么办

227　难道差生就一辈子都翻不了身了吗?
　　　——正确引导家中的"差生"

233　我也不知道自己怎么了……
　　　——别让贪玩毁了男孩的学业

238　这次又考不好了!
　　　——消除男孩的考试焦虑

245　他分数没我高,怎么就考上了省重点高中?
　　　——对男孩恰当地解释"不公平竞争"

248　选哪科是我的自由!
　　　——文理分科,和男孩一起做出正确的选择

254　我不是不想摆脱游戏,真是难以自拔啊!
　　　——男孩迷上了电脑游戏怎么办

261　我想出去打工,出去闯一闯……
　　　——如何面对打算辍学打工的男孩

第五章　重视男孩社交能力的培养

266　我们"井水不犯河水"!
　　　——让男孩学会与"对手"合作

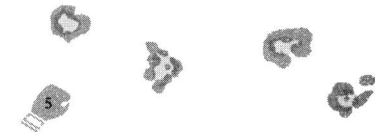

272　班级里又要组织演讲比赛了……
　　　—— 帮助男孩战胜社交恐惧

280　我是不会原谅他的!
　　　—— 引导男孩正确处理朋友间的冲突

286　您怎么能这样对待我的朋友呢?
　　　—— 不要阻止男孩与成绩差的同学来往

292　您陪朋友吧,我们改天去游乐园!
　　　—— 让男孩学会站在"对面"看问题

298　我不需要朋友!
　　　—— 帮助男孩走出孤独自封的困境

302　整天就知道"现"……
　　　—— 男孩被同学认为"爱出风头"怎么办

306　我该原谅中伤我的朋友吗?
　　　—— 鼓励男孩做一个宽容大度的小绅士

312　我从来都是说到做到!
　　　—— 让诚信成为成就男孩一生的"品牌"

316　您上学时怎么跟异性相处的?
　　　—— 指导男孩用平常心与异性相处

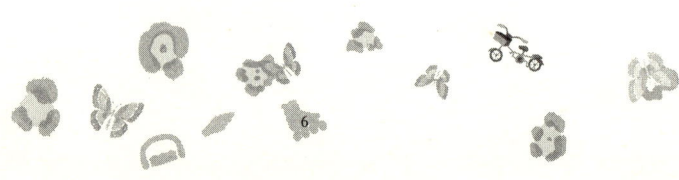

第六章　男孩应具备这些生存能力

322　强买强卖是我的不对……
　　　——适当地在男孩的口袋里放点钱

329　我把厨房弄得一片狼藉……
　　　——有意识地锻炼男孩的动手实践能力

334　妈妈,别忘了给我准备明天的衣服!
　　　——锻炼男孩的自理能力

339　我不小心把果汁洒在了妈妈的白衬衣上……
　　　——让男孩自己找到解决问题的金钥匙

345　我还是决定报考师专!
　　　——培养男孩的决策能力

349　爸爸,时间计划表我做好了!
　　　——提高男孩的时间管理能力

355　赶紧做做我给您出的脑筋急转弯!
　　　——提高男孩思维的灵活性

362　我做了一盆"轮胎盆景"!
　　　——激发男孩的创新思维

368　我不去早锻炼!
　　　——让男孩拥有强健的体魄

第一章
重新认识男孩的内心世界

你了解你的男孩内心世界是怎样的吗？你可曾埋怨过他们爱闯祸、好争斗、倔强难驯……通过一封封男孩写给父母的信，你会发现，其实他们爱闯祸是因为他们具有冒险精神；好争斗是因为他们内心深处总有着一种挥之不去的英雄情结；倔强难驯是因为他们不喜欢被限制、被束缚……任何一个男孩，都有着神秘而丰富的内心世界。换一个方式来了解孩子，听听孩子们的心声，重新认识他们吧！

为什么不让我做实验?
——理解男孩的冒险心理

主人公:小杰,14岁,爱好科学,动手能力强,立志成为科学家。

妈妈:

您好!

想了很久,我觉得还是有必要给您写封信。关于上个星期天发生的事情,我真的很想跟您谈一谈。

那天,我正准备做一个科学实验,想验证一下,使用喷雾杀虫剂时,在喷口处点燃打火机,到底是会燃烧还是爆炸!我和几个小伙伴曾经有过讨论,有人认为会爆炸,有人认为只会燃烧,为此我们还请教过老师,老师也认为绝对不可能爆炸。如果爆炸,那么绝对是意外。所以,在我认为爆炸的可能性很小的情况下,我准备试一试!可是您一看到我用打火机准备点燃的时候,竟然将我一把拉走,不允许我做这么危险的实验。我知道您爱我,这么做是出于安全考虑,可是您为什么就不相信我呢?

 第一章
重新认识男孩的内心世界

您一定知道诺贝尔的故事吧？法国皇帝拿破仑三世出钱给诺贝尔父子办了一个实验所，不料在一次实验中，实验室爆炸了，不但所有实验器材被全部炸毁，还炸死了五个人。诺贝尔的弟弟当场被炸死，父亲被炸成重伤，从此半身不遂，再也不能伴诺贝尔参加实验。

在沉重的打击下，诺贝尔并未灰心丧气，而是决心制服炸药的易爆性，造福人类。为了避免实验伤害周围的人，他把个人的生死置之度外，在朋友的资助下，租了一只大船在梅拉伦湖上，经过四年做了几百次艰苦而危险的实验。就在炸药试爆的最后一次，他亲自点燃导火剂，仔细观察各种变化。当炸药爆炸声巨响之后，人们惊吼："诺贝尔完了！"可他顽强地从弥漫的烟雾中爬起来，满身鲜血淋淋，他忘掉了疼痛，振臂高呼："我成功了！我成功了！"

终于在1876年的秋天，诺贝尔成功地研制了硅藻甘油炸药。之后，诺贝尔又经过13年的研究，在1880年又发明了无烟炸药——三硝基甲苯（又名TNT）。为人类社会做出了巨大的贡献。

妈妈，诺贝尔做这么危险的实验，却仍然得到父亲和兄弟的理解和帮助，而我呢，远没有诺贝尔那样的危险，您为什么不让我做实验呢？您知道的，诺贝尔是我的偶像，我也立志成为一名科学家，可是得不到您的支持和理解，我怎么能获得成功呢？

希望您能做我最坚实的后盾！

小杰
3月14日

给您的建议

带有危险性的科学实验无疑是一种冒险行为,面对男孩这样的行为,家长的态度应该是怎样的呢?

↑ 正视男孩的冒险天性

像上面写信的男孩一样,一些冒险的科学实验的实施者通常是男孩,除此之外,爬上爬下、玩火、飙车等,几乎都是男孩的"专利"!曾有一位母亲把自己带大两个儿子的经历说成是"每天都生活在提心吊胆中",其实这不能怪男孩,男孩爱冒险的特性是天生的。

有研究表明,男孩爱冒险的主要原因在于男孩体内的荷尔蒙睾丸素,它是雄性特征的体现。从襁褓期开始,男孩的体内就有远远大于女孩的睾丸素分泌,他们更需要一些冒险的行为去释放自己的能量。另外,众多儿童心理学专家也认为,男孩爱冒风险、专断自负、斗殴竞争、争吵、自吹、喜欢出风头等倾向与睾丸素的分泌直接相关。

实际上,家长应该为男孩天性中的冒险因子而欢呼,因为世界上没有一件可以完全确定或保证的事。成功者与失败者的区别并不在于能力的高低或意见的好坏,而是在于是否相信判断、具有适当冒险与采取行动的勇气。没有尝试者、冒险者,就没有成功者。冒险是一切成功的前提。

↑ 不要强硬制止男孩的冒险行为

家长若是强硬地制止男孩的冒险行为,往往会加倍触发男孩的叛逆心理和好奇心理,男孩极有可能会加倍地尝试,更有可能阳奉阴违,表面上答应不做,背地里却偷偷做,这样危险系数更高。

一个六岁的小男孩忽然对电很感兴趣,当他第一次把小手指伸进插座的时候,被妈妈大声喝住:"别动!电很危险,触电就不得了!以后不许这样做!"男孩的动作暂停了,然而他对于电的好奇心理并没有暂停。一天,当妈妈去厨房炒菜的时候,小男孩又一次把手伸进了插座……

当男孩有冒险的念头时,明智的家长要懂得使用"怀柔政策",给男孩讲清原因,不要强硬制止。比如那个对电特别感兴趣的小男孩,如果妈妈能够耐心地多跟他讲一些关于电的知识以及安全用电的技巧,或者找一些图片、书籍来辅助,让男孩口服心服,明白电是不可以碰、不可以玩的,而不是简简单单地说"电很危险"四个字,也许悲剧就不会发生了。

↑ 科学引导男孩的冒险行为

当然,许多男孩在家长讲清原因、晓以利害的情况下,还是有冒险行事的欲望。比如上面写信的男孩,他不是不知道这样做的危险性——还是有爆炸的可能,但是他仍然想做实验,这时候家长该怎么办呢?其实,当男孩知道了危险而准备迎难而上的时候,家长应该为男孩的勇气而自豪,同时应该相信男孩,不妨科学引导男孩的冒险行为,听一听男孩的实验步骤,以及他准备如何规避危险,不足之处帮助他补充完整,然后和男孩一起做实验,确保安全。

重新认识男孩的内心世界

——理解男孩的英雄情结

主人公：李飞，15岁，武侠迷，练过跆拳道、少林武术。

妈妈：

您昨天为什么不让我抓住那个小偷？

从小我就喜欢舞刀弄枪的，您便顺应我的兴趣，让我学习了武术、跆拳道。老师告诉我，习武之人要有一身正气，您也时常教育我，为人要正直，要乐于助人，可是怎么一遇到现实情况，您就拦着我，不让我见义勇为呢？

我知道，您一定是怕我有危险。我们前不久看到过这样的报道：

17岁的铁岭市清河一中学生孔祥飞和同学汪林旭在清河电厂四号回水闸门前玩水，孔祥飞不慎落入水中，危在旦夕。汪林旭在岸上一边找棍子拉人，一边呼救。恰好15周岁的中学生蔡强和12周

岁的小学生刘思霖由此路过,听到呼救后毅然脱掉衣服,跳入水中,向呼救者游过去。结果,游了没几米,二人就几乎同时沉了下去。孔祥飞最后抓住汪林旭递过来的棍子上了岸,两个救人的孩子却永远地离开了我们,令人抱恨终天。

  看完报道后,您就唏嘘不已。如今,我们遇到了相似的情况,在我准备出声制止小偷的时候,您按住了我……妈妈,我想不明白,您为什么不让我出声抓住小偷呢?我知道,见义勇为要量力而行,否则会像报道中的学生一样,抱恨终天。我只是想出声阻止小偷,我学过一点武术,而且有大人在身边,公交车上还有那么多叔叔阿姨,我想,如果我出声,那个小偷一定不会得逞的!

  今天晚上您要加班,所以我不能跟您面对面地说,希望您明天早晨看到这封信后,我们有机会谈谈!

小飞
5月16日

第一章 重新认识男孩的内心世界

给您的建议

作为男孩的家长,肯定会有这样的感受:孩子爱管闲事,爱打抱不平,充满"正义感",喜欢"路见不平一声吼"。平时容易得罪人也就罢了,但是遇到一些危险的情景就会让人非常后怕(比如上面案例中的那则报道),这让有些家长不得不按下男孩的"英雄情结"。可是,男孩往往不理解家长的行为,就会出现"小飞"一样的困惑。作为家长,应该怎样理解和指导男孩的英雄情结和行为呢?

↑ 男孩的英雄情结与生俱来

英雄情结是男孩的一种本能反应,他们同情弱小,希望正义永远能够战胜邪恶。这一点,从几乎所有男孩都热衷奥特曼、西游记和众多武侠小说、电影等能看出来。家长不要觉得自己的男孩"不省心",爱逞英雄是男孩与生俱来的特性,要懂得接受和正确引导。

↑ 告诉男孩,"见义勇为"不如"见义智为"

见义勇为在中国一直是被提倡的良好社会道德,但是,许多时候

孩子是不能胜任这一点的,不少地方陆续出台新规,不再要求未成年人"见义勇为"。2003年初,北京颁布新的《中小学生日常行为规范》时,将以前"见义勇为"的要求改成了"发现违法犯罪行为及时报告,遇有侵害敢于斗争,善于斗争,学会自护自救";2003年下半年,上海新的《中小学生守则》也避开了"见义勇为"的字眼。从这些新规则可以看出,男孩毕竟是孩子,他们的人生阅历、社会经验及体力智力等,均与成人有别,让他们去承担可能危及生命的"勇"和"义",从另一个方面说,是成人的失职,是另一种形式的生命漠视。

在美国,曾经有一个学校失火,其他孩子都迅速撤离了,只有两个男孩还在火海里寻找仍未逃脱的伙伴。事后,两个救人的男孩没有受到表扬,他的老师还受到了严厉的批评。因为,他没有将少年儿童遇到危险情况必须迅速逃生的理念和知识全面地传授给每一个学生。

见义勇为除了要求当事人具备足够的勇气和道德潜质而外,还需要具备足够的社会经验、体力和专业素质,而后者恰恰是未成年人所不具备的,因而常有"得不偿失"甚至"出师未捷身先死"的遗憾。为了避免男孩受到伤害,家长在平时要让男孩明白,"见义勇为"不如"见义智为",这样,男孩在危急时刻,才能冷静处理,做出正确的判断。比如,在碰到小孩掉进水里时,如果男孩自己不会游泳,就绝对

重新认识男孩的内心世界

不能盲目下水救人,而应大声呼叫,请周围的人帮忙;遇到手中持有凶器的歹徒,不可贸然冲上去,可拨打110,请民警帮忙;见到坏人作案后,自己无力抗衡,可就近报警。上面信中的小飞,如果他是打算出声制止小偷,那么家长是应该支持男孩的,只要不是贸然地做出有可能危及男孩自己生命的行为,家长都可以同意并鼓励男孩去做。家长需要让男孩明白,"见义勇为"与"见义智为"的区别在于,后者是提倡助人要根据自己的实力,先确定自己是安全的,然后才能去救别人。作为男孩,能保护好自己,就是对社会的贡献。

利用男孩的英雄情结

聪明的家长要学会把男孩的英雄情结转移到学习、生活中去。

辉辉星期天和妈妈一起去阿姨家走亲戚,路途比较远,坐公交车的话,大概需要两个小时。去的时候还好,可是在回来的路上,辉辉说什么都要打车,当时正是炎热的夏季,没有空调的公交车实在让辉辉难以忍受。

妈妈蹲下对辉辉说:"你这样一点苦、一点累都受不了吗?如果和昨天晚上讲的那个小红军一样,走进渺无人烟的川西北的水草地,恐怕你一天都挨不下去呢!"

辉辉回想了昨天妈妈给读的那个故事:长征路上的小红军没得吃,就吃野菜、草根,甚至是皮带;脚上走得起了大水泡,却不管不顾,实在疼得受不了了,才背着人挑破、处理一下……自己连夏天的一点点热都受不了吗?

于是,辉辉对妈妈说:"走吧,坐公交车!"

妈妈欣慰地笑了。

英雄形象,为男孩营造了一个天真、幻想的世界,一个个鲜明的英雄形象在男孩眼中伟大、神圣、没有缺点,家长正好可以利用男孩的这种英雄崇拜情结,培养男孩勇敢、坚毅、正义等优良品质。

重新认识男孩的内心世界

主人公:何俊,12岁,成绩好,五年来在班级一直担任班长,现在正读六年级。

爸爸:

我错了!我向您保证,我下次再也不会不经思考地冲动行事了!

对于选班长一事,我知道我做得很不好。五年来,我一直是班级里的"头儿",学习成绩从来就是第一,可是自从那个插班生来了以后,我的第一就经常变成第二,我心里很不服气,也觉得很没面子……

这次选班长,我有些忐忑,生怕自己被人取而代之,为此,我私下和很多同学通过气,让他们支持我,但是,那个我不能接受的结果还是产生了——他被选上了班长。

我觉得自己无地自容,便开始钻起了牛角尖——如果没有他,多

好！当然，我不可能让他消失，但是给他点教训还是可以的！于是，我找了旁边初中的几个哥们儿，在他放学路上，拦下了他。正当我们准备动手打他的时候，碰巧被您看见了……

您把我带回家，让我待在房里思过。现在，我冷静了，也知道自己错在哪里。幸好您拦下了我，没有让我铸成大错，否则，可能现在的我是在校长室里面忏悔，面临着记大过的处分……

这封信是我的忏悔信，也是我的保证书。请您相信我，我不会再犯同样的错误了！

阿俊

9月26日

重新认识男孩的内心世界

给您的建议

美国的艾里姆夫妇在名为《养育儿子》的畅销书中曾提到:"走进男孩的世界,我们会发现,在任何场合,男孩最关心的事情都是:谁是头?"家长也许没有意识到,在男孩的世界里,这个问题有多么重要。为什么会这样呢?这是由于男孩强烈的竞争心理造成的。行为心理学家认为,每个男孩都有当头的欲望,这种欲望如果得到正确的引导,那么会让男孩爆发出内在的潜力;反之,则会让男孩像上面信中的主人公阿俊一样,把竞争心理用"偏"了,做出错事。

家长如何正确引导男孩的竞争心理呢?

♂ 让男孩明白,"第一"不是唯一目的

家长一定要让男孩明白,积极参与竞争是对的,但是不应该把"第一"当成竞争的唯一目的。

杰克·韦尔奇是美国著名的企业家,被誉为世界最好的、最成功的经理人。1961年博士毕业后,他进入美国通用电气公司,1981年成为该公司历史上最年轻的董事长兼首席执行官,2001年卸任。在职期间,杰克·韦尔奇使通用电气公司的资产由1981年的130亿美

元增值到 2001 年的 5000 亿美元。他在通用电气公司创造的经营管理模式已经成为世界各企业竞相效仿的典范。

在韦尔奇童年的记忆中,每当和母亲玩牌的时候,就是最能激发他竞争意识的时候。那时候,他还在读一年级,中午一放学,他就像赛跑一样从学校飞奔回家,希望能有机会和母亲玩一通金拉米牌。

他们通常在厨房的桌子上玩牌。和母亲一起玩金拉米牌时,韦尔奇真正感受到竞争的乐趣。不过,通常都是母亲赢他。每次,她会将她的牌一下子扣在桌子上,喊道:"金!"这表明母亲又赢了,这会使韦尔奇一下子激动起来。所以,每次他都迫不及待地赶回家,期盼能够有机会反败为胜。

母亲用这种方式激发起韦尔奇竞争的意识,让孩子产生一种渴望成功的良好心理,对培养韦尔奇的自信、促进他的成长是有好处的。

此外,母亲还经常鼓励韦尔奇参与集体竞赛,为集体的取胜尽最大的努力,并教育韦尔奇如何正确对待竞争中的胜利与失败。

韦尔奇难以忘记那一次的冰球比赛。那是他读高中时参加过的一项冰球赛事,当时韦尔奇所在的塞勒姆女巫队分别击败丹佛人队、里维尔队和硬头队,赢得了头三场比赛,但在随后的比赛中,他们输掉了所有的六场比赛,其中五场都是一球之差。

重新认识男孩的内心世界

在最后一场比赛,即在林恩体育馆同主要对手贝弗利高中的对垒中,他们都极度地渴望胜利。那确实是一场非常精彩的比赛,作为副队长,韦尔奇独进两球,他们顿时觉得运气相当不错。但是对方也攻进两球,双方打成二比二。最后,比赛进入了加时赛。

加时赛开始不久,对方很快就进了一球,这一次他们又输了。这已是连续第七场失利。韦尔奇沮丧至极,愤怒地将球棍摔向场地对面,随后头也不回地冲进了休息室,整个球队已经在那儿了,大家正在换冰球鞋和球衣。就在这时候,门突然开了,韦尔奇的母亲大步走进来。

整个休息室顿时安静下来。每一双眼睛都注视着这位身着花色连衣裙的中年妇女,看着她穿过屋子,屋子里有几个队员正在换衣服。她径直向韦尔奇走过来,一把揪住他的衣领。"你这个窝囊废!"她冲着韦尔奇大声吼道,"如果你不知道失败是什么,你就永远都不会知道怎样才能获得成功。如果你真的不知道,你就最好不要来参加比赛!"

韦尔奇在他的朋友们面前遭到了羞辱,他感到很难堪,但上面的这番话韦尔奇从此再也无法忘记,因为他知道,是母亲的热情、活力、失望和她的爱使得她闯进休息室。

韦尔奇的母亲不但教会了韦尔奇竞争的价值,还教会了他在前

进中接受失败以及勇于挑战的勇气和信心。家长要像她一样,别让男孩过分关注成败得失,要教会男孩接受竞争带来的失败。

↑ 给男孩挑选合适的竞争对手

心理学认为,每个人都有一种追求优越的欲望,一个合适的"对手",能够推动男孩努力补偿自己的不足,发愤图强,获得成功。但是,父母要注意男孩选择的对手是谁,目标不要太高,比如上面故事中的阿俊,每次考试都败给新来的插班生,这说明他与其的差距并不是一日两日就可以赶上的,父母应该让男孩认识到这一点,循序渐进,否则很容易让男孩丧失竞争的勇气。最好是选择一个男孩比较熟悉,比男孩水平略高一筹的同学作为竞争对象。

此外,让男孩与自己竞争也是很好的办法。例如,在训练男孩打算盘时,可以每次都给他掐时间,让他和自己比。而且还可以告诉男孩,他的速度一次比一次快,这样男孩的自信心就越来越强了,能力也会得到很大的提高。

↑ 巧妙利用男孩的竞争心理

俗话说,"请将不如激将",巧妙地利用男孩的竞争心理,有时候会达到意想不到的教育效果!

叶圣陶出生于一个没落的地主家庭,父亲叶钟济将所有的希望都寄托于儿子身上,希望儿子将来能够考取功名,复兴家业。

因为父亲对儿子的希望很大,所以虽然非常疼爱他,但对他的学习要求也是格外严格。在叶圣陶还不满3岁的时候,父亲便开始教他识字。

没落后的叶家虽然房子不是很大,也有些破旧,但是父亲还是为儿子腾出一处非常干净明亮的空间供他学习。每天父亲都会用毛笔在纸上写一个很大的字,然后教叶圣陶念。刚刚开始学说话的叶圣陶嘴里念的全是父亲教给他的字。每一个字父亲都要教他念上好几遍,然后父亲再拿着字考他,直到他能正确无误地认出父亲所写的字,才继续教下一个字。

叶圣陶从小就非常聪明,随着父亲的教导,他认字的速度也是越来越快了。在他6岁刚进私塾的时候,便能认出3000多字,引起了当地人的啧啧赞叹,都称他为"神童"。

父亲不仅教他认字,还教他学写字。

父亲用红笔在纸上写字,然后教叶圣陶用墨笔在父亲的字上描摹。刚开始的时候,叶圣陶感觉非常新鲜好玩,学习起来也很快,有时对于一些简单的字,只要父亲教几下,叶圣陶就能很快自己在另外

一张纸上写下来了。

这令父亲感到非常欣慰。可是时间一长,叶圣陶开始感到手疼,不想再写。他是多么希望自己能和妹妹们一样,到屋外面去玩耍啊。这时父亲常耐心地对儿子说:"你认识了那么多的字,如果不会写会让人家笑话的。"

父亲知道小小的叶圣陶好胜心强,所以他常将儿子与邻居家的孩子相比。当叶圣陶不想学习时,父亲就说:"你不想学习,想去跟妹妹玩,可是他们家的孩子却在努力学习,这样他很快就会超过你的,以后周围的人都会只夸他而不夸你了。"

一听到有竞争对手,叶圣陶又开始认真读书、识字写字了。

此后,每次当叶圣陶疲于学习时,父亲就提起那个"对手",激起叶圣陶的竞争意识,以此来促使孩子自愿学习,使叶圣陶的学习效率大大提高。所以,在叶圣陶还未正式入学堂受教育时,他已经会写很多字,会背诵很多的诗句了。

男孩的竞争意识是与生俱来的,最初的竞争性语言便是"我,是我的""我的最大……"。上了小学以后,他们经常构思一些有原则、有组织、有胜利者和失败者、有竞争性的活动,这些活动会激励孩子自觉地去努力,进而显示自己比同伴更为优秀。叶圣陶的父亲就是利用了这一点,让叶圣陶主动努力学习的。

重新认识男孩的内心世界

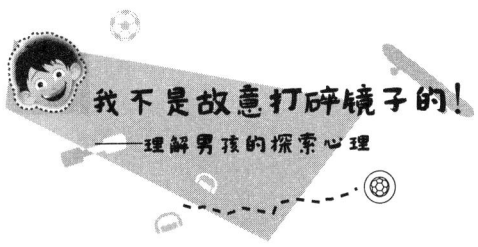

我不是故意打碎镜子的!
——理解男孩的探索心理

主人公:冬冬,小学三年级学生,比较顽皮,爱探索,具有强烈的好奇心。

妈妈:

我又把镜子打碎了……

你一定很生气吧?我把电动小汽车拆了,你骂了我一顿;我把你的手机也拆了,你气得直拧我的耳朵;这次我把你的梳妆镜打碎了,你会不会打我呢?我不是故意的,我只是很好奇,为什么它可以伸缩呢?我把它拆下来研究的时候,不小心掉地上了!我发誓,我努力地修补过,想让它恢复原样,可是胶水、双面胶、透明胶都不管用……

你现在在上班,我给你留下这封道歉信,希望你知道后不要太生气。

冬冬

2月3日

给您的建议

男孩爱探索,好奇心重,这正是他们体内的睾丸素在起作用。从襁褓期开始,男孩就不像女孩那样安静、乖巧,他们总是爱破坏、爱探险。这种情况家长一定不陌生:3岁的男孩一直想登上一个高高的童话城堡。他太小了,妈妈告诉他现在还不能玩这个游戏。但男孩好像没听见,还摆出了妈妈不让他玩,他就不回家的架势。这就是男孩,爱探索的男孩!家长就应该给他足够的理解和信任,支持男孩的探索行为。

阿尔弗雷德·贝恩哈德·诺贝尔(1833－1896),瑞典化学家、工程师和实业家,诺贝尔奖金的创立人。诺贝尔一生致力于炸药的研究,被誉为"炸药大王",共获得技术发明专利355项,并在欧美20个国家开设了约100家公司和工厂。此外,他对化学、光学、机械学、生物学、生理学及枪炮制造也有一定的研究。在他逝世的前一年,他立嘱将其遗产的大部分作为基金,将每年所得利息分为5份,设立物理、化学、生理与医学、文学及和平5种奖金(即诺贝尔奖),授予世界各国在这些领域对人类做出重大贡献的人。

诺贝尔1833年出生于瑞典首都斯德哥尔摩。其父亲是一位颇有才干的机械师、发明家,但由于经营不佳,屡受挫折;母亲出身于农

重新认识男孩的内心世界

民家庭,吃苦耐劳,心地善良。后来,一场大火烧毁了其全部家当,一家人的生活陷入穷困潦倒的境地。

父亲一直倾心于化学研究,尤其喜欢研究炸药。他见多识广,了解国内外许多科学家的奋斗史,常常给诺贝尔讲那些大人物的故事,鼓励儿子长大也做一名科学家。受父亲的影响,诺贝尔从小就表现出顽强勇敢的性格,他经常去父亲的炸药实验室观看,还不时地问这问那。

一天,8岁的诺贝尔问道:"爸爸,炸药能伤人,是可怕的东西,你为什么还要制造它呢?"

父亲把他拉到旁边回答道:"炸药的用处很大,可以用来开矿、修路,发展工业离不开它啊!"

诺贝尔若有所悟地点点头:"那我长大了也要像你一样制造炸药。"

在父亲的熏陶下,年幼的诺贝尔便立志长大后要做制造炸药的科学家。

8岁这年,诺贝尔到斯德哥尔摩市一流的雅克布斯小学读书。这是诺贝尔唯一一次接受正规学校教育,但仅仅维持一年时间就因健康原因离校了,其后便一直在家接受教育。

父亲认为,孩子以后要当科学家,就得从小培养他的探索能力。

如果只教孩子一些科学理论,恐怕长大后只能是纸上谈兵的无用之徒。于是父亲着手让诺贝尔学着做一些小实验。诺贝尔非常高兴,不但认真地做实验,还认真记实验笔记,一些不会写的字就用符号来代替。

有一次,小诺贝尔上街买食盐,回来的路上不小心把一包盐洒到沙堆里。父亲看着儿子沮丧的样子,笑着说:"一包盐值不了几个钱,再买一包不就得了。"可转念一想,为什么不考考小家伙的科学知识呢,于是又改口说:"你有没有办法把洒在沙子里的盐再弄回来?"

小诺贝尔突然受到启发,他不慌不忙地说:"我有办法了!用水溶解脏盐,盐可以溶于水,但沙子却不溶。我们用漏斗去过滤盐水,沙子就留在漏斗上,盐仍然在水里。最后,把过滤干净的盐水蒸干,就可以得到干净的盐了。"

果然,小家伙费了一番周折,最后将盐干干净净地从沙子里还原出来了。诺贝尔在父亲的言传身教下,其独立进行科学探索的实验能力已初见锋芒。

探索精神是指男孩能够主动地研究,发现事物的某些规律、联系、属性等的心理倾向,是男孩学习知识、发展能力的必要途径。家长应该因势利导,培养男孩的探索能力。培养男孩探索精神,对于丰富男孩的精神生活,增长知识,锻炼意志,发展特长,激发科学志趣,

重新认识男孩的内心世界

培养科学素养,都有着十分重要的作用。那么,家长在培养男孩的探索精神时有哪些注意点呢?

↑ 抓住契机,因势利导

在探索行为发展过程中,男孩在心理上经历了这样一个过程:自我兴趣——自我探索——产生积极愉快的情绪——主动探索——产生更强的情绪体验——焕发出更积极的探索行为。这是一个循环往复的过程,而男孩在每一次往复的过程中,探索精神都将得到进一步的强化。家长在男孩进行探索的时候,如果发现男孩有疑问,那么就要即时地抓住时机,因势利导,激发男孩进一步探索的兴趣。

↑ 创设条件,让男孩独立探索

家长要尽量创设条件,让男孩独立探索(在男孩的探究过程中,家长可以适当加以引导),这样适合男孩爱玩好动、爱思考的年龄特征,容易满足他们对新鲜事物总想亲自尝试的心理要求。整个探索过程是在男孩自己的操作下、在男孩自己独立的思考下进行的,因此他们兴趣强烈,全过程的印象更深刻。过程中,家长还要注意引导

孩子重视探索过程，而不要只注意结果。

↑ 让男孩探索的事物要符合男孩的年龄特点

男孩好奇、好问、好动、好模仿；喜欢实践，求知欲强，形象思维占主导地位。因此，男孩探索的内容应当是他们所关心的、熟悉的、能接受的事物和现象，并且要有趣味性。探索对象应从宏观到微观，自简单到复杂，由近及远，由具体到抽象，与男孩的年龄、心理特征相适应，使男孩的认识由初级阶段逐渐发展。

↑ 和男孩讨论问题切忌急躁

和男孩讨论问题，家长一定不要急于求成。不要随意说"说得好"或"很好"，因为过快过早赞扬可能传递讨论已经结束的信息，应该说"真有趣""我从来没有这样想过"，以便使男孩的探索兴趣如滚雪球一样越滚越大。不要催促男孩去"想"，这种催促，只能使男孩为了急于表现，而去揣测大人希望得到的答案，并用尽量少的话说出来，以免猜错时受到责备。

重新认识男孩的内心世界

主人公：陆强，15岁，初中三年级学生，性格内向。

妈妈：

  我为刚刚的态度对您道歉！
  今天在学校发生了一些事，让我心情有点不好，不过都是小事，您不用担心。只是，我希望您以后当我情绪不好的时候，不要再追着我问这问那，那时候我正烦着，您别理我，给我点空间，过段时间我就好了。
  我知道，您是关心我，可有时候您关切的眼神和行为，会让我很有压力。很多事情我会自己想办法解决，需要您帮助的时候我会主动和您说，您放心。
  妈妈，虽然我现在和你们交流的时候不多，但是我依然是爱你们的儿子。
  祝您晚安！

强子
11月28日

|给您的建议|

与女孩相比,男孩总是不善于表达自己的情感。在童年的时候,2岁的女孩比2岁的男孩能够使用更多描述情绪的词,比如"开心""烦恼"等;到了青少年时期,这种差异变得越来越大,许多男孩都不会表达自己的情感,也更容易情绪失控。家长要想更好地教育自己的男孩,就必须学着理解男孩情绪表达的特点。

↑ 男孩的情绪波动往往比较大

随着男孩逐渐长大、成熟,他们的独立性和自我意识进一步发展,喜欢掩饰感情的倾向也更为鲜明,往往令人难以捉摸。心口不一、言行不一的情况是屡见不鲜的。如果父母不能很好地理解他们,将会严重影响父母与孩子的感情交流。

任一君最近的情绪波动变得特别大。有时候,为了一件小事就会暴跳如雷,还摔东西,甚至与家长对着干;有时候,又会为了一次小小的成功,高兴得不得了。

面对情绪如此变化的孩子,父母成天提心吊胆。他高兴时还好,可一旦他不高兴时,任一君的父母就不知如何面对他了。这个时候,

重新认识男孩的内心世界

他不和任何人说话,成天一个人呆在房里生闷气,有时候能一个人呆在房里一天一夜都不吃饭。

前不久,学校放暑假了,任一君回到家里后特别高兴,和父母计划着这个暑假要怎样安排,并耐心地听取父母的意见。可是,到了第二天,孩子的情绪就突然逆转了,不知道是因为什么事情不高兴,将房里的东西扔得满地都是。

父亲气不过,就狠狠地说了他一顿:"你都14岁了,情绪不好就乱撒气,你以为你还是4岁的孩子呀!有什么问题,难道就不可以说出来吗?我看暑假也别出去旅游了,快乐的气氛全会被你破坏掉!"

"不去就不去!哼!"任一君甩门而出。

留在屋里的任一君的父母烦恼极了,他们真的不知道要如何教育任一君才好。不闻不问,随他去吧,怕孩子误入歧途,到时后悔可来不及;严加管束吧,又怕激起孩子的逆反心理,弄得越发不可收拾。总之,面对一个情绪如此多变的孩子,父母真得是左右为难。

情绪波动大的男孩总是让父母头疼。其实,父母大可不必如此操心,男孩的这种情绪变化其实是正常的生理、心理现象。奥地利的一位心理学家发现,人的情绪高低波动以28天为一周期,遵循着临界日→高潮期→临界日→低潮期→临界日→高潮期的规律而循环往复。人的体力、智力周期也有大致如此的波形,三者相互影响。高潮

期的表现为:精力旺盛,情绪高涨,乐观积极;思维敏捷,记忆力强。低潮期的表现为:耐力下降,容易疲劳;心神烦躁,情绪低落;思维迟钝,记忆减退。这种周期性就如同无形的时钟一样制约着人体,演奏着经久不息的生命进行曲,所以有人把这称之为生物钟现象。明白了这一点,家长就不必过分担心和忧虑了。

那么,家长应该如何帮助男孩对待这种周期性的情绪变化呢?

第一,让男孩对自己情绪低潮期的到来有充分的心理准备。一般而言,这种周期性变化对学习和生活没有太大的影响,不必为之担心受怕,困惑不安。

第二,让男孩感到自己的情绪正处于低潮时,可以有意识地回避一些容易引起自己不快的事情,或者暂时放一放那些困扰自己的难题。

第三,让男孩发挥主观意志的作用。有的人容易受情绪左右,甘当它的奴隶,不想也不能自控;有的人则能主宰自己,以理智战胜不良情绪。所以说情绪的波动不能只看周期性,也要看人对情绪的自我调控能力。

第四,让男孩进行适当宣泄。做情绪的主人不仅仅是让男孩压抑情绪,更应当让男孩学会适度宣泄自己的消极情绪。比如,在适当的地方和适当的时间鼓励男孩喊一喊,跺跺脚,甚至痛痛快快地

重新认识男孩的内心世界

哭一场……

↑ 男孩更容易产生暴躁的情绪,冲动行事

由于荷尔蒙的原因,男孩与女孩相比,情绪更容易冲动,往往不理智的行为会在瞬间爆发,等一切行为结束后去思考的时候,就只有自责后悔了。

管鹏现在正在上初二,他所在的班级并非重点班,同学们的学习积极性不高,纪律也十分差。可能是管鹏长得比较高大吧,班主任任命他当班长,希望能使班上的情况有所改善。

刚开始时,管鹏的确比较有威信,可渐渐地同学们开始对管鹏不满。原因就是他经常发脾气,这种情况在上个星期所发生的一件事之后更是如此。

那天上自习时,班上有一个男生讲话一直讲个不停,管鹏叫他别讲了,没想到他说:"你一个班长有什么了不起的啊!"说完又继续讲话。管鹏一时火冒三丈,冲过去立马给他一个耳光。

"你凭什么打我!"那个同学腾地站起来,不服气地说。

"打的就是你,怎样!"管鹏的脾气也上来了。

结果自然是两个人打成一团。

事后,班主任批评管鹏工作方法不当;同学们也纷纷说管鹏脾气太暴躁了,并且离他越来越远了。一方面,管鹏感觉很委屈,他这样做的目的还不是为了把班上的纪律管好;另一方面,管鹏也很难过,自己的脾气怎么这样大,他真的不希望和同学间的关系这么糟。

管鹏不知道自己该怎么办……

情绪的冲动往往让男孩尝到苦果,家长如何帮助男孩呢?

第一,教会男孩自制。父母要教育、引导男孩,遇事善于自我克制,运用理智有意识地降低外界刺激在大脑中引起的兴奋程度,防止过分冲动的言行。自制的办法有很多,可以用语言做自我暗示,默念:"息怒""不要发火""保持冷静和镇定";也可以做一些动作。据说,俄国作家屠格涅夫每逢想发怒时,就用舌头在嘴里转几圈,十分有效。

第二,巧用转移刺激法。转移刺激法是一种积极的制怒方法,是人在发怒时,积极主动地接受另一种刺激以息怒的办法。比如,当男孩遇到一件不开心的事时,越想越生气,这是因为那个让男孩生气的兴奋点是大脑中唯一的一个较强的兴奋点,男孩的注意力全集中在这里了,当然会钻牛角尖。但如果让他突然注意到另外一件事,此时,引起他发怒的兴奋点就会受到抑制,怒气即使当时不是立即消除,起码也会得到一定的缓解。这就叫作转移刺激法。

第三,让男孩达观地对待不同意见。其实,引起男孩暴躁情绪的大都是一些非原则性的区区小事,因此,父母应教育男孩学会忍让,以宽容的态度和豁达的心胸对待他人。因为人与人是平等的,应相互尊重,为了一些鸡毛蒜皮的小事就发脾气,这是不尊重他人人格的行为,自然也难以得到他人的尊重。家长不妨教男孩设身处地地站在对方的角度,用对方的眼光去看待眼前的事情,豁达大度地宽容体谅他人,进而平心静气地解决问题。

周六周日我要好好玩一场!
—— 理解男孩"用不完"的精力

主人公：李轩，四年级学生，班级里的"活跃"分子，经常因为"过度活跃"被老师批评。

妈妈：

今晚您加班，明天是星期六，不知道您有没有忘了我们的约定？给您留言提醒您一下，上周我考试100分，您答应我周六、周日陪我玩两天，一切都由我安排！

我是这样计划的，星期六早晨起来我们先出发去动物园，中午吃肯德基，下午去游乐园，晚上回家让爸爸陪我打游戏！星期天的话，上午我们去航空博物馆参观，中午吃自助餐，下午去海边游玩，晚上回家做作业……

好啦，别念叨我把作业排在最后哦，这两天的安排您得听我的，哈哈……

轩轩

9月26日

重新认识男孩的内心世界

给您的建议

精力充沛的轩轩把周六周日安排了个满满当当,在家长大呼"吃不消"的时候,也要理解男孩,他们精力旺盛是有原因的。由于体内睾丸素的存在,男孩每天需要更多的活动,一些精力特别旺盛的男孩,经常会由于"多动"而惹怒老师和家长。那么,如何教育精力充沛的男孩呢?

巩固男孩的责任心

精力充沛的男孩往往思维活跃,性格外向,具有强烈的表现欲。有时当做错一件事的时候,男孩会为了不被家长责备,或是博得父母的欢心,找出一个理由来为自己辩解,或是把过错掩饰过去。事实上,在男孩寻找借口的同时,也是丢失责任感的时候。而责任感是一个人日后能够立足于社会,获得事业成功与家庭幸福的至关重要的品质。托尔斯泰认为:"一个人若是没有热情,他将一事无成,而热情的基点是责任心。"所以说,一个人最糟糕的一点是不仅不能勇敢地承担责任,而且找来许多"理由充分"的借口来搪塞。

公交车站牌下,欧欧和妈妈正在等车。

一阵大风把妈妈的围巾撩了起来,妈妈想用手按住围巾,可是手里还提着皮包,非常不方便。看到这个情形,欧欧主动对妈妈说:"妈妈,我帮你拿包吧。"妈妈犹豫了一下,还是把皮包递给了欧欧,然后整理她的围巾。

欧欧拿着这只妈妈的包很兴奋,不停地左晃右摆,转圈玩。突然,风一下子更大了,欧欧一时没有掌握好平衡,踉跄了一下,把皮包掉在了地上的水洼里。

欧欧看看水洼里的皮包,又看看妈妈越来越差的脸色,忙说:"不怪我,是风刮的……"

妈妈深吸一口气,看着欧欧推卸责任的表情,她对欧欧说:"你帮妈妈把皮包捡起来。"

欧欧乖乖地捡起了皮包,然后妈妈递过一张纸巾对欧欧说:"现在用纸巾把它擦干净!"

没几分钟,欧欧就把皮包擦干净了。

妈妈摸着欧欧的头说:"你看,包掉进了水洼里并没有什么大不了,捡起来,然后擦干净就好了,妈妈不会因为这件事而大发雷霆。现在你好好跟妈妈说说,除了刚才突然的大风以外,还有什么原因让这只包掉进了水洼?"

"我……我……是因为我拿着包玩……"欧欧终于说出了原因。

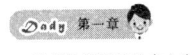

重新认识男孩的内心世界

妈妈笑着亲了一下欧欧。

"我下次再也不会拿着皮包的时候玩了,妈妈你不怪我吧?"孩子小声地问。

"当然不怪你。你能主动帮我拿皮包,说明你很有爱心,还乐于助人,而且皮包掉进水里后,你还帮妈妈捡起来,并且擦干净,真让妈妈高兴。当然,最让妈妈高兴的是你能够承认自己的错误。"妈妈说。

"嗯,我以后不会再犯这种错误了,我还想帮你拿包,好吗?"欧欧说。

"好啊,妈妈相信你!"说完,妈妈又把皮包交给了欧欧。公交车来了,欧欧和妈妈高兴地上了车。

精力充沛的男孩总会时不时犯错误。很多时候,即便是在"案发现场",家长也很难听到男孩承认:"我错了!"男孩总是不愿意爽快地承认自己犯的那些小过失,同时还能帮自己编造出各种理由和借口。家长可以像上面故事里的妈妈一样,先平复自己的心态,然后循循善诱,告诉男孩犯错不可怕,承认之后弥补错误就可以了,让男孩懂得"自己犯的错,自己要负起责任"。这样,男孩就会慢慢学会承担责任,逐渐建立责任心。

不可压制,也不可放任

精力充沛的男孩常常会闯祸,面对这样的男孩,家长不能为了防止男孩做出不当的行为就给予坚决的压制,这是不可取的;同样,无度的放任也是不可取的。最科学的教育方法是,为男孩画上一条"底线",他们可以在"底线"的范围内随意行事,但是绝不能超越底线。

那么,家长如何制定底线呢?

第一,可以"疯闹",不可以耍脾气。男孩有着过剩的精力,喜欢玩耍,喜欢闹腾,而且一闹就是"疯闹",无论是谁的话都听不进去。家长要把握好"疯闹"的度,当男孩开始故意胡闹、耍脾气的时候,就要坚决制止。

第二,可以有个性,不可以任性。有关研究表明,在精力充沛、调皮好动的男孩中,有60%以上的有不同程度的任性行为。可以说,任性是男孩的一种不正常心理状态的反映,往往是他们用来要挟家长、满足自己某种需要的手段。面对男孩的任性,家长不可以姑息,要正确对待男孩的任性行为,不要把任性当作有个性!

第三,可以自我,不可以自私。精力充沛的男孩大多数自我意识比较强。男孩自我一点并不算什么,可是,如果"自我"过了头,就会演变成为自私,那可是在社会生活中所不能被容忍的。因此,要想让男孩更好地在这个社会上生存,家长应帮男孩克服自私自利的性格。家长要做到以下几点:

其一,对待男孩不要搞特殊化。在日常生活中,父母要满足男孩的合理需求,但不要对男孩搞特殊化,让男孩明白自己在家庭中的地位与其他成员是平等的,彻底消除男孩那种"唯我独尊"的思想。父母对待男孩提出的要求,合理的才答应,不合理的应予以明确拒绝,并对男孩耐心地讲解道理,指出他的不足之处,提出批评。当然,要男孩一下子就能接受是不太可能的,这期间必然有一个适应的过程。因此,对于男孩的哭闹,父母应有充分的心理准备,不要因为男孩的哭闹而盲目迁就,也不要因为男孩的哭闹而大发脾气。给男孩一个冷静的空间,让他意识到哭闹无法解决问题。

其二,让男孩与家人一起分享。家里有什么好东西,也不要自己舍不得吃、舍不得用,全留给男孩,这样的做法只会让男孩养成"独占意识",发展下去就会演变成自私心理。因此,父母一定要让男孩学会分享。让男孩学会分享,就要从小做起,从小事做起。例如,男孩从小最在乎的就是食物了,如果男孩独占的话,父母就要把食物拿过来公平地分开,不能对男孩放任不管,任其独享。

其三,父母不应给男孩太多的关注。有位母亲非常疼爱她的男

孩,她把自己的全部注意力都放在了男孩身上——"宝宝不要乱跑!""宝宝,你没摔伤吧?""宝宝,妈妈帮你把扣子扣好!"……结果,这个男孩越来越调皮,越来越难管。教育学家认为,如果男孩从小在家庭中处于中心地位,父母给予太多的关注,那么这个男孩在长大以后,并不能意识到自己已经是大人了,而依然会对父母表现出很强的依赖性;只考虑自己的存在,而不考虑他人的存在,只对自己有利的事感兴趣,而对其他事根本不关心。所以当父母遇到男孩独占、抢夺别人的东西时,应当反省一下自己的教育方法。

别误会男孩是"多动症"

许多精力充沛的男孩看起来像是多动症,这让许多家长着急不已。

"宁宁,你别老是乱动,行吗?"这是9岁的宁宁自懂事以来,听到得最多的一句话。可是,要想让宁宁安安静静地坐上10分钟,简直比登天还难。起初,宁宁的妈妈一直认为好动的宁宁只是调皮而已,但是如今,已上小学三年级的他,"好动"的毛病愈演愈烈:上课从不认真听讲,无法静心做作业,而且经常和小朋友拌嘴甚至打架。

"他的身体里好像安装了小马达,无法停下来!"宁宁的妈妈很无

重新认识男孩的内心世界

奈地说,"孩子到底怎么了?是不是患了多动症?"

在现实生活中,像宁宁这样"好动"的男孩有很多,也让不少家长伤透了心。这样的孩子到底是调皮呢,还是患上了多动症呢?

第一,多动症的六大表现。多动症的主要表现为:

其一,注意力不集中。和同龄的孩子相比,多动症孩子的注意力集中的时间要比别人短得多。其二,活动过度。做事情有头无尾,不断转换注意力,比方说,儿童在玩游戏时,一个游戏只能玩一会儿,就要转换注意力去玩别的东西,不能一直或者坚持把游戏玩到底。其三,冲动。指遇事很少考虑后果,想到什么就做什么。其四,学习困难。由于注意力不集中,经常没有听到老师的讲课内容,因此学习受到影响。这类儿童智力往往是正常的,稍加辅导,学习成绩就会上升。其五,品行障碍。经常有一些违反学校规定的行为。其六,神经心理发育障碍。比方说,经常把字母或汉字左右写颠倒,把 d 写成 b。

第二,多动症儿童与正常儿童的区别。有医生表示,孩子好动是正常的,但是表现得活动过度、不听话、无法控制自己时,就不但不是聪明的表现,而是一种病态了。多动症儿童特别是轻症患儿的症状,有时很容易与正常顽皮儿童的表现相混淆。但是,专家在临床上还是容易找出多动症儿童与正常调皮儿童的区别:

其一,多动症儿童的活动常常没有目的性,总是不停地变换花

样,一会儿玩铅笔、纸屑,一会儿做鬼脸,逗引同学发笑等;而调皮儿童则出于某种动机或为了达到某种目的而捣蛋,如向别人借橡皮以及抢答问题等。

其二,多动症儿童的行为常不分场合,不顾后果,无法自制;而正常调皮儿童的行为则受时间、地点以及环境因素的限制而有所约束,有时能遵守纪律。

其三,多动症儿童对新奇的游戏及娱乐活动也不能产生持久的注意;而正常调皮儿童对有兴趣、新奇的娱乐活动及游戏能持续注意力,并能坚持很长时间。

其四,多动症儿童把老师和家长的批评、劝说当耳边风,屡教屡犯;而正常调皮儿童的行为则会有所改进。

第三,简单的测定方法。如果上面所说的区别还是让家长难以分辨,那么下面有一种简单易行的测定方法,可供家长参考。

下面所列的第一项中,孩子符合六项以上,可以考虑为"注意力缺陷障碍",属于正常的调皮现象;第二项中,孩子符合六项以上,可考虑为"多动障碍"——虽然是多动,但不必担忧,只要平时多给予纠正就行了;两方面均符合六项以上,可考虑为"注意力缺陷多动障碍",建议家长带孩子去医院接受详细检查。

第一项:注意力不集中行为。

重新认识男孩的内心世界

(1)常常在做作业、干家务或其他活动中不注意细节问题或经常犯一些粗心大意的错误。

(2)在学习或游戏中难以保持注意力集中。

(3)别人和他说话时他常常似听非听。

(4)常不能按别人的指示完成作业或家务(不是由于违抗行为或未能理解所致)。

(5)常难以很好地安排自己的生活和学习。

(6)常逃避、讨厌或不愿做要求保持注意力集中的事情(如做学校作业或家庭作业)。

(7)常常丢失学习和活动时要用的物品(如玩具、铅笔、书本或工具)。

(8)常常因受外界刺激而分散注意力。

(9)日常生活中容易忘事。

第二项:多动或冲动行为。

(1)手或脚常常摆动不停或在座位上不停扭动。

(2)在教室或其他要求保持坐姿的环境中常常离开座位。

(3)常在不恰当的情况下乱跑。

(4)常难以安静地玩耍或从事闲暇活动。

(5)经常忙个不停或像"装上了发动机"似的不停地走动。

(6)经常说话过多。

(7)常常别人问话未完就抢着回答。

(8)经常难以安静等待或按顺序排队。

(9)常打断或干扰别人的活动(如插话或干扰别人的游戏)。

如果孩子经过测定,可能患上了多动症,家长也不必惊慌,可以带孩子去正规的大医院进一步确诊,然后遵医嘱,通过药物和教育使其康复。

重新认识男孩的内心世界

主人公：高朋，18岁，高考结束，与家人在填志愿时产生极大的矛盾。

爸爸：

您好。关于志愿的填写，我们已经吵了很多次，我想，写信也许更能让您了解我的想法。

我热爱文学，想考中文系，可我们家是中医世家，您希望我继承衣钵，这是我们的根本矛盾所在。您说我叛逆，我却觉得，我是在实现自己的理想！

还记得我们最早因此发生口角的情景吗？那天，我正在看韩寒的《三重门》，边看边喝彩，您奇怪我今天怎么这么激动，因为平日里我看书总是悄无声息的。于是您问我："有什么值得喝彩的？说出来让爸爸见识见识！"

我便把韩寒的情况讲给您听,却不想您听后不以为然,有点不高兴地说:"以后不要再看这样的书了,这会影响你学习的积极性。你还是好好上你的课吧,这样将来才会有出息。"

"韩寒的学习不好,可是你看他现在多有出息啊!做自己喜爱的工作,还玩赛车,这也是我向往的生活!"我兴奋地对您说。

"韩寒这样的是极少数,你看看有几个有出息的人是韩寒这样的啊?别学他,对你一点好处都没有!"您严厉地说。

从此以后,我没有再与您谈过韩寒,谈过理想。现在,到了我真正进行选择的时候了,我不想放弃我的理想,我的人生应该我做主,将来有没有出息也是我自己的事,希望得到您的理解!

谢谢您看完我的信!

高朋

6月25日

重新认识男孩的内心世界

给您的建议

对于逆反心理,《心理学大词典》解释为:"逆反心理是客观环境与主体需要不相符合时产生的一种心理活动,具有强烈的抵触情绪。"逆反心理是人们在待人接物的过程中所持的一种心态,指当个体认知到当前事件、情境的要求与自己的信念、经验、思维习惯等不一致时,所产生的与常理相背离的情绪、行为或行为意象。

男孩逆反心理的产生,其原因是多方面的,家长要学会科学疏导。

↑ 了解男孩逆反的原因

心理学专家把形成男孩逆反心理的诸多因素归纳为主观因素和客观因素两大方面:

第一,主观因素方面。从主观因素来说,男孩爱逆反,首先是和大脑的发育日渐成熟并趋于健全有关。男孩的脑机能越来越发达,思维的判断、分析的能力越来越强,思维范围也越来越广泛和丰富,这就为逆反心理的产生提供了心理基础和可能。但由于阅历和经验的不足,其认识是不坚定的和易动摇的,思维虽然具有独立性、批判性,但由于其认知事物和问题时的偏差太大而出现认识上的片面、偏激、固执和极端化,对大人的一些正常教育往往不是与之同向思维而是从对立面去思考,把老师的劝说、要求、批评,把家长的指点、提醒、督促等看成是"管""卡""压",是与自己过不去,是对自己自尊心的伤害,进而把自己放在与施教者的对立面,从而产生逆反心理和行为。

第二,客观因素方面。从客观因素来说,导致男孩产生逆反心理的原因有四点:其一,家庭不良因素的影响。一些家庭中不良的教育方式,直接影响着男孩逆反心理的形成。例如,家长教育方式的简单粗暴或命令式、专断式等惯用的教育方法,以及在生活、学习等方面期望值过高,要求过严等,这些都无形地在男孩心理上造成一种压力。当这种压力不断积蓄、沉淀,男孩又找不到良策排解时,便在情感上对家长所进行的一系列教育、说教、劝说产生抵触,在情绪上不满,进而产生逆反心理。

其二,学校不良因素的影响。学校是男孩成长和社会化的主要环境,学校不良因素的作用也是男孩逆反心理形成的又一因素,而且是主要因素。部分老师的不恰当言行,在施教过程中让男孩觉得不被尊重,进而产生排斥,逐渐地让男孩在情感上与老师对立,甚至背离并反其道而行之。

其三,同辈群体不良因素的影响。在男孩的同辈群体中,不仅有共同的心理感受和需求,而且有相近的爱好、兴趣和共同的行为倾向。他们之间相互容易认同,最能达到或造成相互转化与感染。因此,男孩逆反心理的形成原因中,同辈群体的影响是不可忽视的。

用同理心疏导男孩的逆反心理和行为

如果对男孩的逆反心理与逆反行为听之任之,可能阻碍他的社会化,甚至导致病态的人格。反之,如果对其粗暴制止或强行压制,则会加剧男孩的逆反心理,将他们推向另一个极端。那么,如何科学地疏导男孩的逆反心理呢?父母疏导男孩最重要的技巧就是同理心。

同理心,也称同感,是指站在男孩的角度看问题,尽力感受男孩体验到的情感。按照心理学家罗杰斯的看法:"感受来访者的私人世界,就好像那是你自己的世界一样,但又绝未失去'好像'这一品质——这就是同理心。"同理心并不是要求家长有跟逆反心理男孩一样的逆反心理或言行,而是要求家长设身处地地考虑男孩所遇到的问题,体会男孩的心理感受。比如,如果故事中高朋的父亲能够用同理心来对待男孩的问题,那么效果会迥然不同:"高朋,我明白你现在的想法。做自己喜欢做的事情,追求自己的理想,这个想法本身没有

错,爸爸年轻时候也这样想呢!可是人的一生几十年,高考志愿决定了大方向。是否真的要从事你热爱的文学,你是不是可以多听听其他不同的意见呢?比如你的老师、你的同学,等等!一味的固执己见不是聪明男孩的行为,你现在的心情爸爸特别能理解,我也相信你会做出正确的选择!"父亲可以用同理心来疏导男孩的逆反心理,站在理解男孩的角度上,帮助男孩正确对待逆反心理。

⇧ 适当进行自我表露

家长可以在男孩面前承认自己也曾有过偏执、怨恨或古怪的言行,有意识地自我表露,这样可以拉近与男孩的心理距离。当男孩觉得自己不能被人理解时,家长可以适当地透露自己也曾有过类似的感受或体验。这样有助于有逆反心理的男孩解除心理防线,共同找到解决问题的办法。

⇧ 面质,"一语惊醒梦中人"

面质是一种质疑技术,指家长对有逆反心理的男孩的认知方式、思维方式以及情绪体验提出挑战与异议的过程。面质的目的并不是指出男孩说错了什么和做错了什么,而是把重心放在讨论问题、帮助男孩身上。比如故事中的高朋,家长可以这样面质:"你说的韩寒的叛逆精神爸爸大致理解了,确实挺有道理的。可是叛逆的孩子很多,最后成功的却寥寥无几,这是为什么呢?"父亲的疑问也会引起男孩的思索,使男孩学会辩证地看待当前所面临的问题。面质的意义不在于否定男孩,贬低男孩,教训男孩,而在于启发男孩,激励男孩。通过面质,家长可以一方面设法动摇男孩的不合理信念,一方面启发引导男孩树立理性、现实的信念。

另外,应当注意的是,为了达到"一语惊醒梦中人"的效果,面质的提问方式通常比较夸张,内容尖锐。这就要求父母对孩子是真诚、尊重、信任的,切忌用面质来发泄自己的消极感受。

改变不恰当的教育方式

面对处于"逆反期"的男孩,父母应当审视自己是否有一些不恰当的教育方式,比如"专断""粗暴"等。男孩们不会无缘无故与家长作对,有时候,父母的一点点改变,会带来很好的效果。另外,家长还要多观察男孩任课老师的教育方式是否给男孩的心理带来了负面影响,如果有这种情况,一定要与老师及时沟通,婉转地提醒老师进行

一些改变。

关注男孩身边的伙伴

男孩的身边总有自己的一群伙伴。俗话说,近朱者赤,近墨者黑,同辈群体的影响对男孩来说是非常大的,所以家长一定要关注男孩身边的伙伴。有机会的话,家长可以介绍男孩认识一些开朗活泼、善解人意的伙伴,在潜移默化中让男孩的逆反心理有所转变。

引导男孩正确地"叛逆"

家长一定要明确一点,叛逆不一定全是错的。

井户出生于日本静冈县山坳中一个贫寒的家庭里,父亲是位雇工,靠帮人采伐木材挣得的微薄收入,勉强支撑着一家人的生计。母亲也只是做临时雇工,收入非常低。他们希望井户能够赶快找一份安稳的工作,挣一定的工资贴补家用。井户有自己的理想,他虽然理解父母的意愿,但他觉得,如果要实现理想,就一定要有知识,要坚持上学。母亲怪他不懂事,可少年井户仍旧坚持己见。

初中毕业后,他决定去一个比较大的滨松市工作。为此,他又与

重新认识男孩的内心世界

父母发生了激烈的争执,因为父母不希望他离家工作,认为在本地找一份工作能够维持生计就很不错了。井户却认为如果留在本地,实现不了他的理想。于是他又一次叛逆,坚持走自己的路,毅然离开了家。他选择了自己的人生道路,正是由于这一选择,井户才由一个穷小子变成了亿万富翁。

没有叛逆精神,井户不会走向成功,他坚持学习和离家工作都是为了实现理想而做出努力。所以,叛逆不一定完全是不好的,如果男孩叛逆得"有道理",那么不妨给男孩一些空间,让他们去追求自己想要的东西。

换个方式爱孩子
——男孩写给父母的60封信

原则，义气，我该选择哪个？
——理解男孩的义气之心

主人公：蔡翔，12岁，品学兼优，经常被老师树立为其他同学的榜样。

爸爸：

有件事我不知道该如何处理，希望得到您的帮助和建议。

马上要期中考试了，好朋友元杰让我在考试时作弊，把答案告诉他。我一直将作弊视为破坏"公平"的恶习，"诚实"也是我订立的修养目标。如果自己配合了他不仅违反了有关纪律，而且破坏了自己的规矩。但是，他是我最好的朋友，上个月我打球时伤了脚，还是他帮我打了半个多月的午饭。凭着他的好视力，只要我往旁边一让，他就能看个一清二楚。这让我感到十分为难，您认为我该怎么办呢？

希望得到您的帮助！

蔡翔

5月15日

第一章 重新认识男孩的内心世界

给您的建议

类似于故事中的情况可能在许多男孩的生活中会遇到,有些男孩能够处理好,有些男孩就因为处理不好而遭受痛苦。造成这种痛苦的主要原因是:原则的不同。朋友之间的相互帮助是人之常情,无可厚非,朋友间的情谊也正是在相互帮助中建立和日渐深厚的。同时,每个人都有自己的人生处世原则,一个没有任何原则的人是难以想象的;一个原则性不强,或者说他的原则是经常可变的人可能是大家印象中的"老好人",但很难交到知心朋友,因为从心理学角度来看,这个人是没有"个性"的,也就是说他在任何方面都不能给人留下印象,并且会让人有"不能独立"的感觉。正因为每个人都有原则,而各自的原则又不是完全相同,所以人际交往中就会产生冲突、摩擦,这是很难避免的。

面对"义气"与"原则"的两难问题,父母该如何帮助男孩进行选择呢?

↑ 鼓励男孩坚持原则

父母一定要肯定地告诉男孩:一个敢于和善于坚持原则的人是

一个真正独立的、成熟的人。虽然一时间男孩会遭受同伴的指责,但是如果男孩违背了自己的原则,那么男孩要面临的将是对自我的指责,这远比别人的指责要严重得多,它可能改变男孩的处事风格、做人准则,变得人云亦云,迷失自我。

↑ 教给男孩拒绝的技巧

坚持原则就必定会遇到需要拒绝别人请求的情况。从社会学角度而言,"拒绝"不是在人际交往中一味地拒绝所有的请求,而是针对如下情况时所采取的最合理措施:①违背自己做人的原则;②有损自己的人格;③违法犯罪行为。但一些男孩往往是知道应该拒绝,却不了解该如何拒绝。

以信中蔡翔的事情为例,他可以采取下面几种技巧进行拒绝,家长可以让男孩参考:

谢绝法:"对不起,这样做可能不合适。"

婉拒法:"哦,我还没想好,考虑一下再说吧。"

不卑不亢法:"哦,我明白,可是你这样做是不对的!"

幽默法:"啊!对不起,我胆小,作弊我恐怕做不来,只好当逃兵了。"

重新认识男孩的内心世界

无言法:摆手、摇头、耸肩、皱眉、转身等身体语言表示拒绝的态度。

缓冲法:"哦,我想想,你也再想想,过几天再决定,好吗?"

回避法:"今天咱们先不谈这个,还是说说你关心的另一件事吧。"

严词拒绝法:"这可不行,我不会帮你的,你不用再费口舌了。"

补偿法:"真对不起,这件事我实在爱莫能助了,要不我……(提供另外一种力所能及的帮助)。"

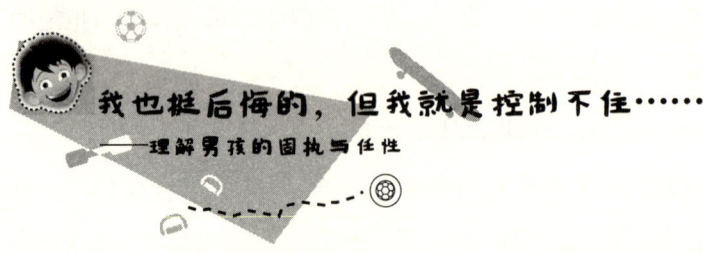

我也挺后悔的,但我就是控制不住……
——理解男孩的固执与任性

主人公:洛洛,10岁,酷爱模型飞机,学校模型兴趣小组的"骨干"。

妈妈:

　　这是我的检讨书,检讨今天在超市的行为……

　　我看见一个模型飞机,喜爱得不得了,拉着您给我买,可是您说不行,因为我前不久刚花了300元买过一个玩具,并且答应您生日之前不再在玩具上花钱了……可因为我实在是太喜欢了,便对您不依不饶地央求,见您依然不答应,就在地上打滚耍赖……现在,我也挺后悔当时的行为的,但我当时就是控制不住……

　　总之,对不起了,今天是我的不对,我以后不再那么固执、任性了。

　　希望您早点消气!

洛洛
6月12日

重新认识男孩的内心世界

|给您的建议|

由于体内的睾丸素的作用,男孩的需求或愿望比女孩需要更快、更及时地得到满足,因此,男孩常常表现得固执、任性、自以为是。这种天性需要家长在理解的基础上,进行正确的教育、指导,否则男孩就会变得任由自己的性子放肆而为。在家里,想怎样就怎样,不听家长的话,家里人可能会容忍;在学校太任性,就会成为不受欢迎的人,身心无法健康发展;以后到社会,更有可能处处碰壁,无法在社会上立足。总之,固执、任性对男孩来说弊大于利。

那么,面对固执、任性的男孩,家长应该怎么做呢?

↑ **找出男孩固执、任性的原因**

家长要找出男孩固执、任性的原因,对症下药。一般来说,造成男孩固执、任性的毛病有三种原因:

第一,模仿。有时候,男孩的固执、任性来自模仿。比如,许多人一起庆祝节日或外出旅游时,其中一个男孩在大人面前有固执、任性的行为,结果家长迁就并满足了他的某种要求,这就给男孩起了一个反面教材的作用,男孩很有可能依葫芦画瓢,学着固执、任性起来。

第二,家长迁就的结果。有些男孩的固执、任性是家长惯出来的。

13岁的晓建是独生子,父母没有什么文化,但家庭生活比较富裕。在他小的时候,父母对他百依百顺,晓建要什么给什么,说什么是什么。

父亲天天要喝酒,儿子常常同桌吃菜,有时也试着尝两口酒,父亲从不加干涉,并且夸儿子"好小子,真行"。就这样,才8岁的晓建已是喝酒、花钱的老手,父亲有时还会让儿子去他的口袋里拿钱,多少任由儿子决定。于是,小小年纪,晓建就学会了进饭馆,逛商店。对于孩子的行为,父母不但不阻止,竟然说:"家里有钱,不让他花让谁花呢?"

由于晓建出手大方,社会上一些行为不良的青年就围着他转。他又学会了抽烟、赌博,从此学习成绩一落千丈。开始时,因为老师的督促,父母还批评他几句,后来见管不住儿子,索性不管,任由他自己胡作非为。父母的放任让晓建放心大胆地逃学,最后发展到偷盗、抢劫,终于被关进了监狱。

上例中,父母百般溺爱和呵护儿子,什么事情都顺着他,让他自由自在,毫无规矩的约束,只是任由自己的想法随意而为,最终因为满足不了毫无节制的欲望,才13岁他就把自己送进了监狱。这就是

重新认识男孩的内心世界

家长溺爱、迁就造成的恶果。小孩子常常会提出不合理的要求,家长认为孩子还小,不懂事,所以就事事迁就孩子,连续几次,孩子就形成了心理和行为定势。

第三,家长对男孩过度严厉。有的家长对男孩的要求过于苛刻,孩子常常难以达到,于是产生逆反心理和抵抗行为,久而久之,男孩就变得固执、任性。也有的家长不尊重男孩,动不动就训斥孩子,甚至在外人面前也随意责备。为了保全自己的面子,男孩会表现出对抗父母的固执、任性行为。

采取有效手段应对男孩的固执、任性

爱子之情,人皆有之,爱孩子是普天下父母的共同做法,但是爱要讲究方式方法。如何帮助男孩克服固执、任性的坏习惯呢?

第一,暂时不予理睬。男孩固执、任性的目的就是为了引起父母的注意,从而实现自己的心愿。因此,父母可以"视而不见",让男孩闹腾。当男孩闹够了,见父母还是不理睬自己,就会感到这样任性并不能达到自己的目的,慢慢地就能改掉自己任性的坏习惯。

第二,不要对男孩发火。对于正在任性的男孩,家长不要一个劲地哄,也不要发火,适当让他发泄情绪。等他情绪稳定,逐渐安静下

来后,再和他严肃认真地讲明道理,使他明白无理取闹是没有用的。

第三,转移男孩的注意力。对于已经形成固执、任性性格的男孩,家长要善于调控和引导。在预测到男孩可能要任性时,家长可以主动地转移他们的注意力。但是,千万不能向男孩妥协。因为有了第一次的妥协,就必定会有第二次、第三次的妥协。久而久之,男孩就会越发任性。

第四,耐心劝导。当男孩提出一些过分的要求时,如果家长置之不理仍然不能让男孩善罢甘休,适当的时候家长可以进行耐心的说服教育。简洁地对男孩讲道理,让男孩明白为什么爸爸妈妈不能答应他提出的要求。

第五,适当"处罚"。当男孩固执、任性之后,即使男孩已经平静下来,并主动"讨好"家长,家长也要刻意对他保持"冷漠",让男孩意识到自己刚才的言行让家长很"不高兴",然后向男孩说明道理,让男孩保证以后不再任性或乱发脾气。

第六,及时利用"反面教材"。当男孩看到别人固执、任性的时候,家长要及时利用这些反面教材,告诉男孩"他们这么做是不对的",让男孩分清是非,不要模仿。

第七,营造宽严适度的家庭氛围。在平时的家庭生活中,给男孩定下的规矩要宽严适度,家长要端正教育思想,坚决改变过于苛求和

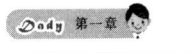

重新认识男孩的内心世界

伤害男孩的做法,并注意保护男孩的自尊。另外,家长要创造民主气氛,多给男孩讲话的机会。

我长大了，和小时候不一样了……
——理解男孩的代沟反应

主人公：华飞，重点中学学生，功课繁重，任学生会副主席。

爸爸：

看到了您给我的留言，您问我，为什么在今天的生日 Party 上提前离开，我想对您说，我很感谢您替我举办生日 Party，但是我已经长大了，肯德基那种地方是给小孩子办生日会的，我真的没办法感到开心和尽兴，所以提前走了……对不起。

爸爸，我长大了。小时候，我最喜欢骑在您的背上，挥舞着小拳头喊"前进"。现在我上中学了，我身边的同学还有谁会去肯德基庆生呢？

自从我上了中学以后，功课越来越忙，而且还兼任学生会副主席，我知道您关心我，总是在晚饭后或者睡前过来问问我："儿子，说

重新认识男孩的内心世界

说,今天在学校怎么样啊?"这个问题我真的很难回答,我的感受您不一定理解,一时半会儿跟您也说不清楚,所以我总是说"没什么,就那样"。我知道您不满意我的回答,总是试图找别的机会问我关于生活、学习的事情。其实您不必这样做,我知道您是关心我的,我不回答不代表我排斥您,所以您大可不必做那些"生日 Party"之类的举措来让我们更亲近。

好了,我要做功课了,晚安。

祝您好梦。

华飞

10 月 10 日

给您的建议

男孩的家长会发现,儿子过了童年期之后,往往与自己不那么亲近了,看着别家的女儿像贴心小棉袄,心里就羡慕不已。是的,相比之下,男孩与家长的代沟往往比女孩大,男孩会变得和家长更疏远。父母本来应是男孩最愿意倾诉衷肠的对象,当家长感觉到儿子与自己的距离感时,往往觉得跟儿子很难交流,在教育方面更是不知所措。如何改变这种现状呢?

↑ 提升自己的亲和力

如果男孩爱看球,家长可以搜集一些有关信息,与男孩一起谈论赛事、球技;如果男孩爱唱歌,家长可以与男孩交流歌坛的各种趣事,有机会一起去听场演唱会,或者讨论一下对"追星"的看法,从中了解男孩的观点、态度,引导他正确认识成败、名誉;如果……这种类型的交流是"润物细无声"式的,它没有居高临下的威迫感,极具亲和力,男孩也容易打开心扉,真诚地与父母交流。

重新认识男孩的内心世界

↑ 善于察言观色

与男孩交流时,父母要善于察言观色,对男孩的反应要敏感些。男孩对谈话内容感兴趣时,可将话题深入,一旦发现男孩有厌烦情绪,就应立即停止,或转移话题,以免前功尽弃。另外,即使找到交流的话题,也应力求谈话简短有趣、目的明确,切忌啰唆,以免造成切入准确,但交流效果不佳的情况。

↑ 避免唠叨

家长的唠叨会使男孩感觉自己得不到尊重,反感父母的指令,不仅不能缩小与男孩之间的代沟,还会使男孩产生讨厌的感觉。

一位中学生在心理咨询师面前"大吐苦水":

人人都有妈妈,但我的妈妈特别烦人,整天唠叨个没完。你真不知道她有多烦,早上一起床就唠叨开了:"快点,快点,快点起床!""快点,快点,快点吃早餐啦!""动作要快点,不然要迟到了!"

我已经上初中了,难道不知道迟到是怎么回事吗?这点时间都掌握不住吗?我有时真忍不住要顶撞她!更要命的是放学以后,她

就一个劲地催我做功课:"快点做功课啦。""今天有多少功课要做?现在做完几门了?""学习不好就上不了重点高中……""现在你在班里已落后了,还不抓紧点?"

最好笑的是,有一次明明讲好等我做好功课再开饭的,但还要不时来问来催。一会儿问:"你饿不饿?"一会儿又说:"快做快做!饭都要凉了,还不快点做!"……简直是没事找事。

如果妈妈说了我没有做,那么她唠叨一下倒也无所谓,可是我做了,她还在旁边唠叨,有时候真是想干脆什么也不做了,因为做了又怎么样,还不是要唠叨!

妈妈整天唠叨,话虽多,但讲不到点子上,天天老一套,我听得耳朵都长茧子了,哪里还听得进?她这样整天在旁边吵吵闹闹,我哪能安静下来做功课呢?我觉得她总不断地叮咛,不断地提醒,不断地督促,不断地责怪,不断地警告,简直是对我的极不信任,极不尊重。她这种重复的话既单调又乏味,使我烦透了。

"唠叨"在男孩看来不等同于"关心",家长要明确这一点,能不唠叨尽量不唠叨,否则只会适得其反,让男孩离自己的心理距离越来越远。

重新认识男孩的内心世界

跟上儿子的"新思想"

随着男孩逐渐长大,他们越来越有自己的主见,也能够把自己的想法很好地表达出来。但是在家里,孩子们的想法、看法找不到共鸣,所以没有表达的欲望,从而家长很难知道男孩在想什么,与男孩的代沟越来越深,更别提跟上男孩的思想脚步了。

洪先生是一名国家公务员,15岁的儿子洪宏让他头疼极了。洪宏是个满脑子"新思想"的男孩,古灵精怪,整天有各种各样的想法冒出来。洪先生不知道怎么教育他,真怕他哪天给自己闯了祸。

这天,洪先生去了洪宏的学校,想和他的班主任谈谈。

"洪宏这个孩子我是非常喜欢的,他很有创意,懂得给平凡的生活提出不平凡的建议。在班级里,我们很多事情都会特别征求洪宏的意见,比如出黑板报、排练节目,等等。"班主任对洪先生说。

"是吗?真的是这样吗?他怎么从没和我说过呢?"洪先生疑惑极了。

"呵呵,他和我说,他的很多想法你都不认同,所以什么都不愿意跟你说。"老师笑着说。

老师的一番话让洪先生羞红了脸,他开始反思自己,是不是自己

思想太不开化了?他决定做出一些改变。

这天晚上,洪宏做完作业正在看电视,洪先生有意凑近过来。他看见儿子正在看"宅男宅女"的一个节目,便问:"什么是宅男宅女啊?"

洪宏瞥了父亲一眼,说:"跟你说你也不懂!"

"爸爸以前是不懂,现在爸爸也要接受一些新元素啊!不然就被时代淘汰了!"洪先生努力地在儿子面前表现。

"宅男宅女就是……"

这天,洪先生从儿子那里得到了很多新鲜的、以前没有听说过的词汇、信息。除了和儿子谈得很开心以外,他还觉得自己年轻了呢!

洪宏的父亲有了一个很好的开始。家长可以像他一样,试着从这几个方面来做做看:

第一,耐心倾听,哪怕自己不感兴趣。家长一定要把自己的心态调整到"年轻档",如果平时没有时间做"新新人类",那么至少要尝试着倾听男孩关于社会上各种信息的看法,让男孩觉得父母是很好的倾听者,这样他们才会有表达的欲望。如果有时间、有兴趣的话,家长最好能够自己也知道一些新鲜的知识,和男孩一起交流,引发男孩的共鸣,让男孩把父母看成"大朋友",这样男孩有了什么创新的想法,一定会第一个告诉父母。

重新认识男孩的内心世界

第二，鼓励男孩提出创意。有些家长由于年龄关系，对迅速变化的社会不敏感，在男孩提出一些新想法的时候，这样的话语便脱口而出："得了吧你，小毛孩子懂什么，这里没你说话的地方，你还是老老实实地学习去吧！"男孩刚开了个头，就被家长给憋了回去。渐渐地，男孩和家长的思想就像两列背道而驰的火车，越开越远。

处处否定男孩的新想法，无形之中就否定了男孩的创新。家长应该鼓励和保护男孩的创意，在条件允许的情况下尽量配合他们，和他们一起实现梦想。即使男孩的想法不切实际，也不能随意否定。成年人的创造性已经衰退了，因此有问题的不是男孩，而是成年人。家长要让男孩成为自己的老师，在开发自己"僵化"的头脑的同时，把男孩培养成为拥有创意的人才。

第三，和男孩适当地讨论。由于知识面的限制和心智的不成熟，男孩的很多"新思想"还是幼稚的，家长应该抓住时机，和男孩进行适当的讨论。在讨论中，男孩们可以丰富思想，开阔思维。同时，通过讨论，家长也会惊喜地发现，自己的男孩已经不再是爱哭的小孩，已经有了一套自己的想法。这样平等、真诚地进行讨论有利于家长和男孩双方的沟通。

在19世纪中期，美国爆发了南北战争，解放奴隶的事业紧紧牵动了约翰一家人的心。很有抱负的小儿子卢卡斯经常参加大人的讨

论,他对林肯所倡导的解放黑人奴隶运动表现出了热情的关注。

一天,他在观看军事地图时,突发奇想,认为自己十分有必要向林肯总统提出忠告,否则林肯将会处于被动地位,变得束手无策。卢卡斯将自己的想法郑重其事地告诉了父亲,并阐述了自己的想法。父亲马上热情地参与了讨论,他指出了卢卡斯想法中的不足,两人围着地图,深入探讨了战局,把一条条他们认为有价值的建议罗列了出来,写成了信。

若干天后,他们意外地接到了林肯的回信,信中说:"谢谢你们的建议,我为有你们这样的国民而自豪!"

小卢卡斯开心极了,从那以后他热爱上了军事学,长大后成为了一名杰出的将军。

适当的讨论不但可以让家长更了解男孩的想法,缩小代沟,更会促进家庭关系的和谐发展,家长何乐而不为呢?

第二章
男孩尤其需要平等与尊重

男孩之所以成为男孩,是因为在他们的性格中存在着许多特质,他们与女孩有着不同的心理需求,男孩尤其需要平等与尊重。当一个男孩和一个女孩迷路之后回到家,也许女孩会一头扑进家人的怀里,诉说自己的恐惧和不安,而男孩则可能会若无其事地耸耸肩,说他下次一定不会了,这就是自尊心在作祟。一般来说,男孩比女孩具有更强烈的自尊心,自尊心是男孩的精神支柱,因此,不管在什么情况下,请给予你的男孩平等与尊重。

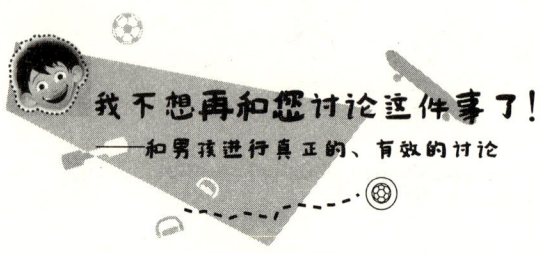

——和男孩进行真正的、有效的讨论

主人公：杜小龙，15岁，初中二年级学生，成绩忽上忽下、不稳定。

爸爸：

考试成绩出来了，我退后了10名，从15名退后到25名。

我知道，您得知了这个成绩之后，一定又会把我叫进书房，和我一起"讨论"考试成绩。我不想再和您讨论了，我知道您要说什么，讨论的内容我都快背出来了：总结考试失利的原因；今后如何改正；表决心……

我的成绩总是不稳定，我也想考好，我不想再和您讨论这件事了。每次讨论，我都觉得压力特别大，您的命令、您的期望，都让我喘不过气来……

我会努力，争取下次考好一点的！

希望得到您的理解！

小龙
11月1日

男孩尤其需要平等与尊重

[给您的建议]

随着自己的男孩逐渐长大,很多家长发现男孩们变得越来越有主意,甚至有时候还跟自己对着干。男孩越来越不"听话",很多家长就改变路数,学习如何跟男孩讨论了,可是很多时候效果甚微,为什么?以上面信件中的事情为例,爸爸总是跟儿子"讨论"考试成绩下滑的事情,儿子非常反感,这是因为每次讨论,家长总是会不自觉地带着期待,带着责备,给男孩无形的压力。

那么,家长怎样做,才能和男孩实行有效的讨论,进行良好的沟通呢?

☊ 让讨论在平等的状态下进行

要做到真正的讨论,家长必须放弃高高在上的地位。一旦家长认为"我是大人""我比他有经验""我比他懂得多""我吃的盐……我过的桥……"在这种情境下进行讨论,效果肯定不好。讨论一定是要在一个平等的状态下进行的,真正地弯下腰来跟男孩说话,真正地去理解他。真正的讨论是家长跟男孩站在同一战壕里,双方是同一战壕里的战友,并排而立,一起对付困难。可是有很多时候,父母跟男

孩是对立而站的,结果双方你一枪我一炮地干了起来,于是原本是想很好地讨论一下的,但大部分时候都变成了互不相让的争吵;或者干脆连争吵也没有,弱势的男孩只是听父母在说,没有插嘴的份儿。

所以,家长首先一定要把自己的位置摆正:父母和男孩是并排站立的,一起来对付眼前的困难,双方的心态是一样的,考虑问题的出发点是一样的。

♂ 让男孩自己从讨论中得出结果

带给男孩压力的讨论男孩是不会喜欢的,也不会有效果。如何在讨论中既达到目的,又不给男孩的心理造成压力呢?还是以一开始的信中事件为例,如果爸爸可以跟男孩这么谈话,那么男孩的感受就不一样了。

爸爸:孩子,今天考试成绩下来了,从第15名变成第25名了,我知道你心里一定不舒服,其实爸爸心里也不舒服。孩子,咱先不管它第几名,告诉爸爸,你对这个名次是怎么看的?

孩子:挺烦的。什么名次不名次的,老弄这个名次,把我弄得压力可大了,压得我喘不过气来,总是害怕自己落后,我都快得焦虑症了。但是,话说回来了,排一下名次也有好处,它会让我知道我在班

男孩尤其需要平等与尊重

里处于一个什么样的位置。

爸爸:排名次既然有它积极的意义,那你分析一下自己目前的现状,经过一番努力排第几是比较符合你的目标的?

孩子:说实在的,老爸,主要是这一段时间生病了耽误点事,其实我还是可以的。本来的15名是可以保持的。

爸爸:能保持就已经很不错了!那我们下次考试争取15名?

孩子:嗯,一定!

谈话到此为止,这才是一种真正的讨论,家长能够积极倾听男孩的所想、所思,然后让男孩自己从讨论中得出结果。在这样的讨论中,男孩不会感觉有压力,反而会觉得家长是真心关心自己。

家长时刻要记住,"让男孩自己从讨论中得出结果"这一点非常重要。虽然自己对男孩有着很多希望,但这诸多希望是不是都能实现呢?未必!不能实现的原因有很多,其中有一条很重要,就是这些希望只是父母的希望,而不是男孩的希望,除非把这些希望变成是男孩自己的希望才有意义。运用到讨论这个过程来说,就是努力让男孩来决定怎么样做,而不是家长来决定怎么做。

决定权在家长这儿会有什么恶果呢?男孩被迫地去执行,这样的执行就很可能不是自觉行动,男孩很可能会懒惰、会磨蹭,于是就出现了父母天天跟在男孩屁股后面追着、撵着、督促着的情况,结果

搞得双方的心情都极其糟糕,而且不是一两天的糟糕,这种糟糕的心情会一直牵扯着亲子关系的发展。假如说这个决定是男孩自己说出来的,他的自觉性和主动性会好很多,甚至会超常发挥。

↑ 原则性问题不用讨论

虽然说要尊重孩子,但并不是所有的问题都需要讨论。像一些原则性问题就不予讨论,必须执行,比如:不经允许,不能够在外面过夜;不可以去街边泡网吧……许多时候,男孩的自制力并不是很强,所以需要一些原则的约束,这些原则是父母可以来确立的,不需要和男孩多讨论,一定要坚决执行。尤其是一些与道德标准有关的事情,父母态度更要强硬一些。

男孩尤其需要平等与尊重

主人公：乔力，小学六年级学生，性格比较强硬、冲动，属于"火暴型"脾气。

妈妈：

您是不是偷看我的信了？您知道吗，未经同意偷看别人信件是犯法的！我有自己的隐私权！

我已经长大了，我需要有自己的空间。您也许认为，看我的信件是从关心我的角度出发，可是这让我很生气，非常生气！您以后再也不需要偷看了，我再也不会写信了！

乔力

7月12日

给您的建议

该不该拆男孩的信,这关系到隐私权的问题。所谓隐私权是指:个体拥有隐瞒或不公开个人隐私的权利。男孩是独立的个体,当然也有这个权利。男孩不想让他人知道的秘密就是个人隐私,然而这一点往往不被大人尊重。一家媒体公布了一项调查报告,结果发现,69%的妈妈偷看过男孩的日记和信件。

很多家长会认为隐私权是大人才拥有的,对男孩的隐私权就不以为然了。一些家长会担心男孩"瞒人没好事",于是总是千方百计地去侦察,如翻抽屉看日记、拆信件,甚至打骂训斥。殊不知这种做法会伤害男孩的自尊心,造成男孩沉重的精神压力,甚至产生敌意和反抗,采取全方位的信息封锁和防备措施,导致父母与男孩关系的恶化。理智的做法是充分了解侵犯男孩隐私权的危害,尊重男孩的隐私权,给他们一个自由的空间,但并非放任自流,对男孩的隐私要给予充分的关注,积极的引导。

↑ 充分了解侵犯男孩的隐私权的危害

如果把男孩的自尊心比喻为花瓶,那么他们的隐私就是瓶上的

男孩尤其需要平等与尊重

细小裂纹,所以做父母的更应细心保护好这个花瓶,不要随意侵犯男孩的隐私,因为这样做的危害很大。

第一,打击男孩的自信心。对自己能力的信心就是自信心。男孩希望有一定的独立性,希望自己的某一领域不受干预,这正是有自信心的表现。做错了事,想偷偷改;学习落后了,想暗自追上去,这也正是不丧失自信心的表现。家长轻易地破坏他们这种希望,侵犯他们这方面的隐私,就会无意中打击了他们的自信心。

第二,麻痹男孩的羞耻心。男孩因知羞耻才把某些过失、缺陷看作隐私,随便被揭开、公布、宣扬,男孩起初还会觉得难堪、痛苦,以后便会麻木了。俗话说"破罐子破摔"就是这个意思。

第三,削弱男孩的自省力。写日记、给好朋友写信是一种自省方式,不尊重男孩这方面的隐私,男孩就会不再重视这些自省方式,就会大大削弱自省的欲望和能力,妨碍男孩健康成长。

第四,破坏男孩的人际关系。男孩的一些隐私会涉及他的同学、朋友,比如与朋友一起进行并非不正当,但又不愿让别人知道的活动,并约定保密。家长知情后,如果不小心公之于众,这便会招致男孩朋友和同学的怨恨,破坏了男孩与别人的友谊。

第五,削弱男孩与亲人的亲密关系。男孩的隐私常被侵犯,家长又不善于补救,其结果必定是男孩对父母反感,不信任。一旦双方形

成隔阂,再对男孩进行有效教育就困难了。

⇧ 主动以平等的身份与男孩多交谈

家长可以主动以平等的身份与男孩多交谈,谈自己在与他同龄时的一些所思所想、成功和挫折,甚至谈一些当初的隐私,谈自己对事物的看法和想法,倾听和征求男孩的意见和建议,使家长成为男孩可以信赖的朋友。一段时间后,男孩会愿意把自己心中的秘密告诉父母,这样才能了解和掌握男孩的隐私,给予必要的指点和教育。

⇧ 培养男孩的自我教育能力

如果家长获取了有关男孩隐私的信息,即使有些越轨和不良因素,也不必大惊失色、殴打辱骂,可以与男孩一起讨论理想、事业、道德、人生观、价值观等问题,引导男孩自己悟出为人处世的真理,提高男孩按规范要求调整自己行为的能力。有了这种自我教育能力,一些隐私中的危险倾向,都有可能自我解决。

男孩尤其需要平等与尊重

↑ 不应纵容男孩把隐私扩大化

家长既要尊重男孩的隐私,同时也要小心男孩打着隐私这个幌子拒绝家长的监督、保护和教育。不可否认,有时男孩的隐私中可能包含某些不良因素,家长要既尊重,又巧妙地引导、教育,争取男孩的信任。

某全国重点中学的一个学生,还是班长,成绩甚佳。他的父母听信了某个所谓专家的话,说是要尊重孩子隐私,从来不进孩子的房间。结果有一天警察突然来家里搜查,打开孩子房门一看,床底下堆满了孩子偷来的照相机、录像机之类的东西,原来这孩子利用双休日偷东西已经有一段时间了。因为家长尊重他的"隐私",他的房间成了窝藏赃物的天堂。

所以,家长不应该纵容男孩把隐私扩大化,家长应该清清楚楚地明白,哪些是隐私,哪些不是隐私,避免一些男孩以隐私权为借口来学坏。

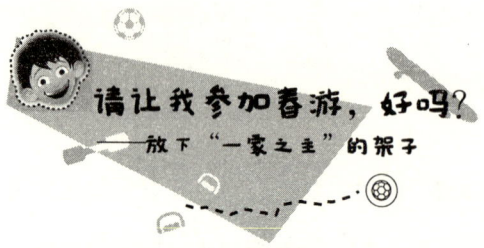

请让我参加春游，好吗？
——放下"一家之主"的架子

主人公：陶朔，初一学生，成绩中等，家教甚严，不太参加班级娱乐性的集体活动。

爸爸：

我真的非常希望去参加班级组织的春游，但是我知道，如果当面跟您说的话，您一定会一口回绝，并且不给我争辩的余地，所以我写了这封信给您。

您总认为旅游、球赛、看娱乐新闻等都是浪费时间的事情，不让我多参与，让我把这些时间花在读书上。我明白您的苦心，您希望我好好学习，以后考个好大学。可是，适当地参与一些诸如旅游一类的娱乐活动，也不一定会影响学习啊！有时候还能促进学习呢！

您知道泰戈尔吗？泰戈尔12岁那年，他父亲带他去喜马拉雅山旅游。喜马拉雅山壮丽的景色深深感染了他，他第一次获得了在空

男孩尤其需要平等与尊重

旷的大自然里自由遨游的乐趣。他和父亲在山脚下住了四个月,每天日出的时候就出门散步,然后回到屋里读一小时英文,读完后就到冰凉的水里沐浴;下午仍是读书,讨论宗教问题,晚上就坐在星空下,边欣赏高原美丽迷人的夜色,边听父亲讲天文知识。就这样,父子俩在那里整整度过了四个月的旅游生活。

这次旅游让泰戈尔留下许多终生都难忘的美好记忆。1916年,他出版了诗集《飞鹤》,真实地记录了他这些游览活动的感受,被评论家称为出类拔萃的诗,达到了抒情诗的最高水平。

泰戈尔对朋友谈起写作的感受时曾说:"走出去,走出去,你的思想就会像宇宙一样博大,你的诗文就会像歌声一样美妙。"我也向往着像泰戈尔一样走出去!我不能像他一样走那么远,那么长时间,这也不现实,现在我就想参加班级里的春游,和同学们一起在大自然里好好玩耍一天,说不定回来以后我就能写出比以前更好的作文呢!

您在家里是一家之主,总是说一不二,我不敢当面跟您说这些。希望您看到这封信以后,可以同意我的请求。

陶朔

5月10日

换个方式爱孩子
——男孩写给父母的60封信

|给您的建议|

所谓"家长",顾名思义,即"一家之主"。一些家长总是高高在上,俨然一国之君。这种价值取向,很容易让一些父母比较推崇父母权威,习惯于按自己的理想模式塑造男孩,而不管男孩的实际情况。信中陶朔的父亲就是如此,在教育孩子的方法上,这位父亲"总是说一不二",可见他在平时习惯于训斥、发号施令和严格的监督。在这位父亲的眼里,顺从、听话的孩子才是好孩子,他的观点和做法是对孩子最好的。但是事实往往不是这样,这种"家长制"的家庭氛围会让孩子反感,产生抵触情绪。如果孩子能像陶朔一样,积极与父亲沟通,那么事情也许有转圜余地,但是如果孩子不主动和家长沟通,那么孩子完全有可能把自己和父母隔离开来,造成亲子对立。

所以,家长千万不要用自己的所谓"理想模式"来塑造男孩,要在男孩面前放下架子,真正深入地了解男孩、理解男孩,找到最适合男孩的教育方法。

♂ 与男孩平等交流,知道男孩真正需要什么

家长放下架子,平等地与男孩交流就是了解男孩、理解男孩的最

男孩尤其需要平等与尊重

好手段。下面这位母亲就做得很好。

有一天,我问儿子:"我们是不是朋友?"儿子却说:"努力吧!我们离朋友还差得远呢。"

我试图与儿子做朋友是从他的一个眼神开始的。他上初中一年级的时候,因一件小事,我训斥了他,他居然以一种敌视的眼光看着我,让我心惊。回到自己的卧室,我无论如何也驱赶不走他那桀骜不驯的目光。心想:他真的是长大了。我失落的同时,下定决心一定要改变我的家长作风。

我尝试着放下家长的架子,无论做什么事都站在儿子的角度去想一想。儿子有考试"恐惧症",一到考试,饭吃不香,觉睡不着。我就告诉他:"儿子,不就是考试吗?有什么呀?毕竟第一名只有一个。这次考试就当作是平时做作业,好坏无所谓。"

有时考前儿子会问我:"妈妈,你想让我考多少分?"

我总是微笑着说:"别总分分分的,平时只要努力了,允许考零分。"没想到仅从考试这一件事,我们母子的关系就上了一个台阶。

有一天,儿子回到家里,神秘地告诉我:"今天我们几个同学在一起议论父母对自己的态度,我告诉他们你平时对我说的那些话,好几个同学都说想当你儿子呢。"

我得意地笑了,知道儿子已经开始尝试着把我当朋友了。

在日常生活中,家长和男孩的交往,应该是平等和民主的,而不是独断的。作为父母,应该放下家长的架子,努力和男孩成为朋友。只有做到这点,才能理解男孩,知道男孩真正需要什么。

↑ 放下架子,按照民主的原则与男孩相处

家长一定要放下架子,按照民主的原则与男孩相处。"君君臣臣,父父子子",在传统的观念里,父母与子女是永不平等的,父母永远高高在上。但是,在这个新时代,家长必须摆脱这种传统观念,因为如果男孩看父母是高高在上的"统治者",父母看男孩则是什么都不懂的毛孩子,这种"不平等"的教育方法会让男孩从心底产生反感,破坏父母与男孩之间的亲密关系。所以,家长不要用居高临下的姿态对待男孩,应用民主的态度与男孩相处。

↑ 丢掉"大家长"的身份,按照平等的原则与男孩交相处

如果家长肯丢掉"大家长"的身份,做男孩的朋友,从男孩的角度来理解他们的世界,并给予引导,就会真正进入男孩的内心世界。

有很多美国的父母往往在孩子幼小的时候就自觉成为他们的朋

友。这些父母与孩子说话时,总是蹲下来,与孩子处在一个水平线上,并用双手握住孩子的小手,用亲切的目光对视着,和颜悦色,以商量的口气与孩子说话。孩子们也似乎都很懂事,眨着眼睛,频频点头。父母应当认识到,孩子虽然年龄小,个子矮,但他们是独立的人,应当得到父母的尊重。

家长要平等地与男孩相处,用平等的身份对待男孩,与男孩建立相互信任的关系,做男孩的知心朋友。

我受够了,你能不拿我和表哥比吗?
——别总拿孩子跟别人对比

主人公: 贺君,14 岁,初中二年级学生,内心敏感,性格倔强。

妈妈:

我受够了,你能不拿我和表哥比吗?

从小你就拿我和他比。幼儿园的时候,你经常说他得的小红花比我多;小学的时候,每次拿到我的成绩单,你都要打电话问表哥他考得如何;现在初中了,表哥成绩扶摇直上,我却经常发挥不好,你便总是拿他"激励"我……难得偶尔几次,我考得比表哥好,你却只是微微一笑,说什么"偶尔一次运气好而已,以后经常考高分才是真本事"。

你知道我有多厌烦这些吗?如果可以的话,我真希望我不是你的儿子,希望我没有这样的表哥!

贺君
1 月 24 日

男孩尤其需要平等与尊重

给您的建议

有些父母认为"没有比较就不会有进步",蓄意把自家男孩跟别的孩子比较,以为这样可以激励男孩。其实这是错误的。无疑人生是有比较才有竞争,有竞争才会更激发人的进取心,但若一个人的竞争对象是自己四周的人,在班级内要打败其他同学,在同事当中要踩低所有人,那么这个人的一生会很痛苦,到哪儿都会是四面楚歌。所以做父母的是要鼓励男孩有适当的竞争,但要搞清楚竞争的对象。竞争的对象如果是自己,则要胜过自己,才能到达更高的领域。在这个过程中,有时可能要与别人竞争,但主要目标不是别人,而是自己。唯有持这种心境,男孩才可以保持良好的心理状态。

不要在人前批评男孩

人人都喜欢把自己好的一面展示给别人看,男孩也不例外。父母要明白,即使男孩有缺点,也没有必要弄得人尽皆知,千万不要夸其他男孩的优点而贬自己的男孩。这在大人看来没有什么,对男孩来说却意味着尊严尽失。这种"激将法"会使父母在男孩心目中的形象降低,造成男孩对父母的不信任甚至逆反。

有这样一个被人们传为美谈的故事：

在杜鲁门当选总统后，一天，一位记者来拜访他的母亲。

记者笑着对杜鲁门的母亲说："有哈里这样的儿子，你一定感到十分自豪！"

杜鲁门的母亲微笑着说："是这样的。不过，我还有一个儿子，他同样让我感到非常自豪。他现在正在地里挖土豆呢！"

杜鲁门的弟弟是一位农夫，但是，母亲并没有认为这位做农夫的儿子是无能的。对她来说，每个孩子都令她感到自豪，无论儿子是总统还是农夫。

在接受记者采访时，杜鲁门的弟弟是这样评价哥哥和自己的："我为哥哥感到骄傲，他将是美国最优秀的总统之一。但我同时也为自己感到骄傲，我是一名农夫，用自己的双手养活自己，照顾了父母。"

每个男孩都有长处和优点，家长们不能只凭长相、成绩等某个方面就认定自家的男孩不如别人，更不能紧抓住所谓的"缺点"不放，一个劲地拿别的孩子来与之对比。这样，只会过度"激将"，伤害男孩的自尊心。父母应该善于发现他们的优点，相信自己的男孩是优秀的，把赞美留给自己的男孩，让男孩在家长的赞赏声中发扬自己的长处，弥补自己的不足。

男孩尤其需要平等与尊重

有一位教育家在他的报告中讲过这样的一件事：

我有一个邻居，他家的小孩上初中，成绩不太好，却非常好面子。

偶尔，我们家长之间也会因为大家的孩子都在一个学校而相互说说教育孩子的烦恼。这位孩子的母亲经常当着我们的面数落她孩子的不是。比如她总是会当着大家的面说孩子有粗心、好动、注意力不集中、逆反心强等缺点。这位母亲还总是说别人家的孩子懂事听话、成绩好，不让家长操心，她的孩子怎么就没有优点。

渐渐地，和这个孩子一起同学的几个朋友几乎都知道了他的缺点，同时，我也发现这个孩子变得越来越孤僻、退缩，男孩与妈妈的冲突也不断发生。可见，这位孩子妈妈的"严厉管教"与不断比较，不仅让孩子丢了面子，也把孩子的自信心给比丢了。

生活中，每个男孩难免会表现出一些小毛病，比如磨蹭、挑剔、好动等，这些小问题虽不严重，却常常把父母折腾得够呛。而父母在面对这些问题时，往往会到处诉苦，把自己男孩的缺点到处宣扬，甚至不给男孩留一点面子。

父母之所以会这么做，是因为他们认为在别人面前夸自己的男孩，或者只是把男孩好的一面展示给别人，容易养成男孩骄傲自大的毛病，会不利于男孩的健康成长，同时也有违于中国人谦虚的美德。因此，有很多父母会刻意在别人面前批评自己的男孩，而夸别人家的

孩子如何的好。殊不知,在父母无心地比来比去的行为中,和总认为别人家的孩子好的观念中,自己男孩的尊严却在父母的"激将法"下牺牲。

♂ 不去比较,但给男孩树立榜样

把自家的男孩的缺点和别人家孩子的优点相比,甚至把别的孩子过度美化,会给自家的男孩带来巨大的伤害,甚至会影响男孩一生,但是,这并不是说,家长就不应该指出男孩的缺点,一味地褒奖男孩。正确的做法是,适时为男孩树立榜样,让男孩自己找到不足,激励自己进步。

♂ 父母要帮助男孩一起分析原因

父母应客观地、诚恳地为男孩指出他们的不足,平心静气地为男孩疏导消极的情绪,树立面对不足、克服不足的信心,适时鼓励男孩的上进心。例如:"你和他是有一点距离,主要是因为他比你更努力,更爱钻研,但是你要有自信,因为如果你努力一点,完全有潜力像他一样,甚至超过他!要更加努力来提高自己,知道吗?"

男孩尤其需要平等与尊重

我没想到您会跟我道歉！
——勇于向孩子道歉

主人公：邓斐，小学五年级学生，品行端正，是家长和老师眼中"明事理"的好孩子。

妈妈：

您向我道歉我真是感到很意外，听到时我愣住了，不知道怎么反应。现在我要说声：谢谢您！

昨天课间，我和同桌王虎起了争执，他动手打了我，我生气极了，便还了手，一拳朝他的脸打过去，把他的脸打肿了。晚上，王虎的妈妈带着他来我们家，跟您说我把她儿子打了，您看到王虎肿着的脸，生气极了，根本不听我的解释，狠狠训斥了我……您知道吗，我当时真的觉得好冤枉！

今天，您去学校了解了情况，知道是王虎有错在先，所以回家跟我说了"对不起"。我没想到您会跟我道歉，曾经听好多同学说过，他

们的父母冤枉了他们,虽然事后得到澄清,却总是不了了之,很少有道歉的。所以,今天我很意外,但是也很谢谢您!

我有一位好妈妈!

邓斐

11月12日

第二章
男孩尤其需要平等与尊重

给您的建议

当男孩"闯祸"后,一些家长由于一时感情冲动,往往会对男孩进行不恰当的批评或惩罚。事后,父母又往往会后悔。这时,倘若父母能勇于真诚地向男孩道歉,用自己的行动补救自己的"过失",则常能引导男孩更好地走自己的路。

艾德里安出生于一个贵族家庭,父母都是有知识有教养的人士,对孩子的教育也相当严格。他们秉持的原则是:该做的就大力支持,不该做的就坚决禁止。

有一天,小艾德里安在河边玩耍,忽然发现岸边躺着一只从上游漂下来的死狗,已经被水浸泡得有些臃肿,甚至还有一点腐臭味。小艾德里安高兴极了。要知道,平时喜欢解剖的他,只解剖了一些小虫子、小鸟和小老鼠之类的小动物,远远不能满足他的需求。而最近,他刚从一本生理书里学到了介绍狗的内部结构的知识,正想实验实验呢,没想到上帝成全他,就让他碰上了一只死狗。

于是,小艾德里安费了九牛二虎之力,把死狗拖了上来,放在一个干燥的地方,掏出随身携带的小刀就解剖开了。他一边干着,还一边掏出小本本,在上面记录着什么。他干得很认真,忘了时间,忘了回家吃饭。

母亲在家里等急了,只好出来四处寻找。这时,一位熟人告诉他,小艾德里安正在河边玩一只死狗,弄得满地非常脏。说完,那人还做出恶心的样子,并瞪了小艾德里安的母亲一眼,意思是说:你是怎么管教你的贵族儿子的?

母亲一听,气得火冒三丈。她跑到河边,看到了儿子果然像那位熟人描述的一样。她一边跑来一边大声斥责儿子:"天啊,你把谁的狗打死了?你怎么能这样对待别人家的狗?这是不能容忍的。"

"妈妈,您误会了。"蹲在狗身边的小艾德里安站起来辩解道:"这根本不是我打死的,它是从河上游漂下来的。你看,它身上都有臭味了。"

"那也不行。你看你把狗弄得多脏!满地都是五脏六腑,太恶心了。你怎么这样不讲卫生?"母亲余怒未息。

"妈妈,我这是在解剖狗呢。你看,我把狗的内部结构都弄清楚了,还记下了不少数据呢。"

母亲仔细一看,顿时感到自己太鲁莽了。儿子既没有打死狗,也不是为了玩死狗,他是为了解剖这只狗啊。儿子平常就喜欢解剖动物,这是一种强烈的求知欲和科学探索的精神,不是曾经得到家里的大力支持吗?自己怎么能不分青红皂白就骂孩子呢?

"对不起,孩子。妈妈误会了你,你做得对。妈妈保证以后再不

男孩尤其需要平等与尊重

干涉你做实验了。"

看到母亲亲切的目光,小艾德里安笑了,继续埋头进行他未竟的工作。

正是父母对孩子的理解和支持,才使艾德里安一步一步走进了科学殿堂。

艾德里安的母亲是一位好母亲!但是,在我们身边,总是有许多父母碍于面子,即便是自己错了,还是硬撑着,扮强势,不肯低头认错。其实,向男孩道歉,不但无损父母的权威,还能让男孩感受到平等的家庭氛围,感受到以身作则的教育力量,更有利于男孩的成长。

那么,家长该怎么向孩子道歉呢?

♂ 年龄不同,方法不同

相对于年龄小一点的男孩来说,父母其实不用讲太多的道理,只要用一些行动,例如手势、表情、做法等,很自然就可以让男孩知道在这件事上,父母做错了,而且父母在向他们道歉,并不需要说太多的话。但是对于年龄大一点的男孩来说,父母向他们道歉,不仅仅要说"对不起",还必须向他们讲明这件事错误的原因,为什么做错了,这也是一种间接教育的方法。

注意道歉的态度

父母道歉的态度也是很重要的,不能太过于生硬,或者轻描淡写。这些错误的态度,即使道歉了也不能挽回什么,只会加深误解,因为年龄大的男孩能明显感觉得到父母态度的不同,意识到父母是不是在敷衍。因此,父母应用真诚的态度来道歉,不要碍于面子或者身份,不愿意对自己的男孩道歉,或者只是略微地说一下。比如,父亲撞到儿子,这时候,父亲与其说"我不是故意的",倒不如真诚地对他说:"对不起,儿子,我撞到了你。"父亲这时候大大方方的道歉比不真诚的辩解更能够得到儿子的尊重。

另外,有的父母开朗、豁达,能很轻松地向男孩道歉,有的父母可能内向、拘谨一些,不容易表达出自己内心的歉意。这时,家长就可以采取其他一些方式,比如,准备一个本子,平时跟男孩敞开心扉,传递感情,错了的时候来传递自己的歉意;还可以给男孩写一张小纸条或者一封信来向男孩道歉;也可以用实际行动来弥补过失表达歉意,如遗忘了对男孩的承诺,在下次承诺时一定要慎重。

学会跟男孩道歉。真诚的道歉会使受到委屈的男孩的心灵得到安慰,会让男孩感觉到自己拥有一个真诚、可信赖的好父母,家长和男孩就会有一个良好的亲子关系。

男孩尤其需要平等与尊重

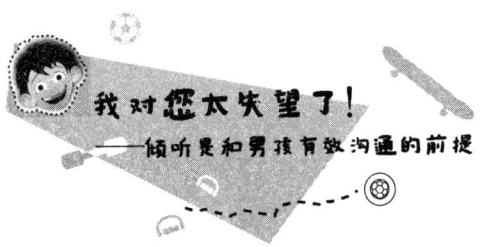

主人公：向阳，11岁，小学四年级学生，"恩怨分明"，遇到事情总是据理力争，不依不饶。

妈妈：

我对您太失望了！

今天我和同学李琦发生了矛盾。我发誓，我没有先惹李琦，他误会是我弄坏了他的文具盒，二话不说就把我的书扔到地上了！其实这怎么能怪我呢！是刘刚撞了我，我才会把李琦的文具盒压坏了，如果要追究责任的话，应该是刘刚的！我正要和李琦理论的时候，老师进了教室给大家放学了，我只能明天再和李琦说了。

放学回家后，我跟您说了这件事，您当时正忙着做晚饭，根本没空听我说，草草听完了我的叙述，便回头对我说："算了吧，这事儿你也有错，把它忘了，明天大家还是好朋友。"

我怎么能释怀呢?我对您太失望了!以后我有事儿再也不跟您说了!

向阳

4月2日

第二章 男孩尤其需要平等与尊重

给您的建议

上面信件中向阳的妈妈其实犯了"说教"的错误,她没有从男孩的角度出发,用倾听的方式来和男孩沟通,而是直接教育男孩"大事化小,小事化了",从而导致了向阳对她"很失望"。其实,如果她能够多听听男孩的想法,然后再对男孩讲道理,那么男孩会乐意接受得多。

向阳:我真想揍李琦一顿!

妈妈:你看起来很生气的样子……

向阳:我真想把他的胖脸揍扁了!

妈妈:你那么讨厌他啊?

向阳:你知道那个小霸王干了什么吗?在放学前,他把我的书抢过来扔到了地上!我根本没惹他!

妈妈:噢!

向阳:我猜他一定以为是我把他的文具盒弄坏了。

妈妈:你觉得是这么一回事呀!

向阳:是的,他捧着文具盒,一直朝我看。

妈妈:噢。

向阳:但是我没有弄坏文具盒,我没有!

妈妈:是吗?

向阳:嗯……我不是故意弄坏的,刘刚推我撞到了桌子上,我就压在了文具盒上,我有什么办法!

妈妈:噢,刘刚推了你。

向阳:是的,好多东西都掉在地上了,那只文具盒也压坏了。我并没有故意要压坏文具盒。

妈妈:我知道,你不是故意的。

向阳:是的,但是李琦不肯相信我。

妈妈:你觉得如果你说实话,他不会相信你?

向阳:我不知道……不管怎样,我会去向他解释清楚——不管他信不信,而且他必须向我赔礼道歉,他不该把我的书扔在地上。

妈妈:好的,明天你们要心平气和地谈一谈。

你会发现,其实这个妈妈只需要利用倾听,不需要提多少问题,男孩自己就把事情的始末,甚至是他打算如何处理这件事情的方法都说了出来。倾听的力量远比说教的力量大得多,在不知不觉中,家长就能走进男孩的心灵,了解男孩的想法,更好地与男孩沟通。

当然,要做到让男孩满意的倾听,父母需要遵循一定的规律:

男孩尤其需要平等与尊重

↑ 让男孩感觉到被关注

关注在倾听中是一个重要环节,它能使男孩从父母那儿获得亲切与安全的信息。所谓关注,是指父母通过自己的行为与语言,给男孩一个"我正在专心听你的诉说"的信息。

男孩也有自尊心,希望别人能重视自己,希望与在乎自己的人进行交流与交往。如果只有男孩单方面的交流愿望,那不就成了"单相思"吗?这样沟通就很难进行下去。因此,倾听的一个重要步骤就是关注。

关注技术分两类,一类是体态语言,一类是口头语言。

体态语言就是通过人的面部表情、眼睛、手、脚以及身体的动作、姿态,传达某种情感的不言之语。如在舞台上,好的演员会用许多体态语言表达自己的情感,一举手、一投足、一个转身都表达了丰富的内心情感。在倾听男孩的诉说时,父母可以用许多体态语言对男孩表示关注。如:

让男孩坐下,自己也靠近男孩坐下。空间距离中包含着心理距离,心理距离与空间距离成正比,空间距离越大,心理距离也越大;相反,空间距离越小,心理距离也越小。

父母坐的时候要使自己的身体前倾,不要后仰。前倾表示重视男孩的讲话,后仰则显示出对男孩的一种不在乎。

父母的表情要与男孩"同频共振",也就是说,要与男孩的情感相吻合。如果男孩当时非常痛苦,父母要有沉重的表情;如果男孩很高兴,父母也要流露出愉快的神情。

如果男孩说到伤心处,有时会痛哭,这时,父母最好的做法是递过手绢、纸巾,或为男孩拭泪,但不要阻止。因为哭也是一种宣泄,有利于身心健康。递上手绢或纸巾是对男孩哭的行为的一种支持。

将男孩拥在怀里,抚摸他的头发、脸颊、肩膀。很多父母在男孩很小的时候,很乐于表达亲昵的行为,等到男孩长大了,就觉得肢体接触"不好意思",或者没有那个必要。其实,男孩长大后,也需要温暖的身体接触,这可令男孩切身体会父母的关怀。

父母还可用口头语言来表示关注。如"嗯""噢""我知道了"之类的话语,表示自己正在专心地关注男孩讲话。如果父母只顾听男孩说,而不用自己的声音传递关注,会引起男孩的误会,以为父母在想别的问题,没有在倾听他说话。当然父母的口头语言要简洁、清晰、合情。如男孩在觉得委屈时,父母却只是一味地告诉他"没关系,坚强一点""这没什么好难过的",会让男孩觉得父母一点都不能体会他的感受;若父母说:"你很难过,我要是你也会有这种感受的。"相信会

男孩尤其需要平等与尊重

有截然不同的效果。

在对男孩交流时,低声细语能让男孩感到与父母处在平等的地位上。男孩的情绪极易受外界环境的影响而发生变化,高声训斥会使男孩因受到突然袭击而惊慌失措,精神处于高度紧张状态,甚至引起反感,反而听不进家长的话。常用温和亲切的低声调来与男孩对话,还可以增强男孩对父母的信任感,增强男孩与父母进行交流的自信心,并能增进男孩和父母间的关系。

沟通需要父母的耐心

父母在与男孩交谈时,要耐心倾听他们的每一句话。要知道,大多数男孩是希望父母与他一起分享成长中的感受的。耐心倾听的氛围,容易让父母赢得男孩情感上的信任,而只有互相信任了,父母才能与男孩达到无拘无束交流的默契。

记住,不要还没有听完男孩所讲的整个过程的来龙去脉,就妄下结论。如男孩告诉你,他今天被老师批评了,父母马上就来一句"一定是你上课不认真听,犯错了"。久而久之,男孩就会与父母没话好说了。只有当父母耐心倾听男孩的话,知道男孩的许多经历后,才会获得正确引导男孩的机会。

经常有男孩兴冲冲地想跟父母谈一些事情,但父母总是忙着做其他的事,叫男孩等会儿再说,或者男孩诉说一件委屈的事,没想到父母一听就发火、责骂,根本不去了解真正的缘由,久而久之,亲子之间的沟通就会发生问题。

在成年人的世界里,有一种特别受大家欢迎的人,他们在听对方谈话时,无论对方的地位怎样,总是细心、耐心、专注地倾听,说者自然也就感觉畅快淋漓,受到重视。其实,对待男孩也应该这样。每当男孩主动要向父母倾诉,父母应该放下手中的工作,耐心地倾听男孩畅所欲言,让男孩把心中的郁闷宣泄出来。亲子之间如果能彼此倾诉,经常恳谈,问题会少得多。

如果男孩说话得不到父母的重视,他们只能把自己的秘密埋藏在心里,做父母的就很难知道男孩所思所想,这样对男孩的教育就会无的放矢,无所适从。如果男孩的说话权得不到父母的尊重,久而久之,男孩就会与父母产生对抗情绪,以致双方相互不信任,沟通困难。

男孩尤其需要平等与尊重

主人公：朱晓杰，小学二年级学生，心思细腻，乐于助人。

爸爸：

您是不是有心事？

今天晚上，我做完作业以后和您一起玩拼图，以前您都是兴致勃勃的，今天却总是提不起劲儿来。难道是有人欺负您了？您单位里是不是有一个和我们班张杰一样总爱欺负别人的人？

我问您是不是有什么不开心的事，您摇头说没有。其实，您可以把不开心的事情告诉我，说不定我也能帮到您呢！

晓杰

3月5日

换个方式爱孩子
——男孩写给父母的60封信

|给您的建议|

父母如果能向男孩敞露自己的内心,这就在一定程度上体现出了父母对男孩的尊重与信赖,并加强了与子女之间的情感联系,这种交流在男孩逐步成熟时期是尤为重要的。如果父母与男孩在感情上有这样的密切联系,就会很容易沟通,从而有效地避免各种问题,使男孩能够顺利地成长。

但是,父母与子女间的这种密切关系不是一下子就能建立的,它需要长期、有意识地培养。因此,当男孩们开始发问"妈妈你为什么不高兴呀?是不是工作遇到麻烦"的时候,做家长的就该认真考虑一下,是否该与男孩认真谈一谈现在所遇到的困难与麻烦,并且让男孩与你一起分担这些压力。如果搪塞地说"没有什么,很好"或"不关你的事,去玩你的吧",就等于将男孩对父母的关心推开,等于将男孩那一颗关怀他人的心挡在门外,男孩所得到的信息是父母的事,不关自己的事。正是父母不让男孩有爱心和责任心,日后也就没有理由抱怨男孩不关心父母。

但是,更多的父母认为:大人的感受怎么能够与孩子讲呢,他们能知道什么呀?可是,男孩的心灵是敏感的,他们对外界的观察也是非常仔细的。比如,在日常生活中,我们会经常听到男孩这样问:"爸

男孩尤其需要平等与尊重

爸,妈妈怎么了?怎么不高兴了?"其实,这就是孩子观察父母、关心父母的一种表现。但是,大多数的父母会这样呵斥:"没有不高兴,你做自己的事吧!""大人的事,小孩子不懂,一边待着去吧!"父母的这种行为,往往会让男孩产生这样的想法:"既然父母的事情跟我无关,那我只要不给父母惹麻烦就可以了!"如果这种冷漠的态度产生了,就会严重地阻碍彼此间的亲密关系。

父母在向男孩敞开心扉时,不妨从以下两方面做起:

↑ 让男孩知道父母也并不是完人

父母在男孩面前,不必刻意呈现最好的一面。因为每个人都有他的优点和缺点,父母自然也不例外。男孩遇到烦恼、失败与挫折而向父母倾诉时,父母不妨利用这个机会,坦诚地将自己的喜、怒、哀、乐等种种情绪倾诉出来。

↑ 表现出最真挚的情感

扬扬向来读书就不太用功,无论妈妈怎么责备或是鼓励他,都没有什么效果。他每日放学回家,不是看电视,就是到处疯玩。

一天,妈妈又在苦口婆心地劝扬扬专心做功课,可扬扬依旧是一边做,一边东张西望,一副没精打采的样子,这种情形让妈妈伤透了脑筋。

"扬扬,妈妈讲个故事给你听。"妈妈边说边在扬扬身边坐下。

扬扬一听妈妈要讲故事,立即就来劲儿了,说:"什么故事,快讲呀!"

妈妈说:"我小时候也和你现在一样总是爱玩,做功课也不认真,每次考试都仅能维持及格,那时你外公总说我是个'淘气的孩子'。当小学毕业要上初中的时候,我兴奋得几个晚上都没睡好觉,总是在想那个学校是什么样呢!学校里的老师和同学肯定与我相处得很好。可是我的愿望没有实现,就在那时,你外公因一场大病住进了医院,再也没有回来。我也就没有机会上初中继续学习了。后来只有一边工作,一边在夜校上课,假日和晚上的时间都要用来温习功课,那时妈妈为学习付出了极大的努力。可是你现在有这样好的条件……"

妈妈再也说不下去了,也不知是伤心,还是气愤,不禁掉下了眼泪。她无奈地对孩子说:"是妈妈不好,是妈妈没有用,不能让自己的孩子学习用功,妈妈以后也不想再唠叨了。"然后她默默地离开了扬扬,回到了自己的房间。

男孩尤其需要平等与尊重

听完妈妈的这番发自内心的话后,扬扬深感不安和内疚。他走到妈妈的房间里,摇着妈妈的手说:"妈妈,不要再哭了,我知道错了,我以后会用功读书的,不会再让妈妈伤心。"

与男孩沟通应是心与心的沟通。当扬扬看到妈妈为了他不用功读书而伤心掉眼泪时,扬扬深感内疚,认识到不好好读书妈妈会很伤心,为了不让妈妈再伤心,决心好好用功读书。

所以,在与男孩沟通时,父母用这种表现内心难过的真挚情感教诲男孩,比恶言恶语或责骂会来得更有效。和男孩交心,就得表现出最真挚的情感,这一点在亲子沟通中是不容忽视的。

在与男孩沟通时,父母不妨直接告诉男孩自己的失败和挫折经历,自己曾有过什么抱负、梦想与目标,曾经因为自己所犯的错误而付出过多少代价,怎样由许多失败、痛苦而累积到经验,终于走向成功的道路等。这一切的一切都可以向男孩倾诉,将自己的人生经验,传授给男孩。男孩不会因为父母的过失或梦想无法实现而小看父母,相反,他可能会暗下决心完成父母的未竟之志呢!

父母想要知道男孩的想法,要尝试着先学会如何向男孩倾诉。只要父母向男孩敞开心扉,谈谈关于自己的梦想、成功和失败的经历,男孩也就会彻底地向父母敞开心扉。

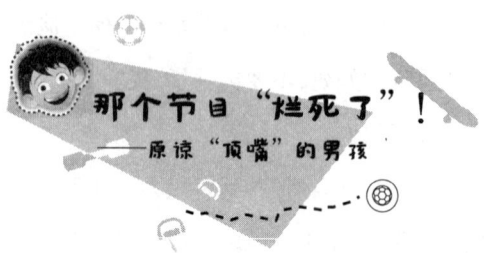

那个节目"烂死了"!
——原谅"顶嘴"的男孩

主人公:于非,小学四年级学生,爷爷奶奶捧在手心的"小皇帝",时常与父母顶嘴。

爸爸:

今天您对我的惩罚我不服!

因为看电视,我和您起了点争执,顶了几句嘴,您就勒令我星期六、星期天禁止外出,可是您平时不也经常和妈妈吵架吗?我只是说了您看的那个节目"烂死了",您就不高兴了,板起脸来非要跟我说那个节目多么有意义!我真的没觉得啊,继续说节目有多无聊,然后您就生气了,您真是没肚量!

下周我去爷爷奶奶家,一定要向他们告你的状,爷爷奶奶一定会帮我的,哼!

于非

3月2日

男孩尤其需要平等与尊重

给您的建议

随着男孩逐渐长大,很多父母会发现,他们对自己再不像以前那么听话,与大人顶嘴的现象常会发生。其实男孩喜欢顶嘴不是什么绝对的坏事情,这说明男孩有自主意识,长大了,但是,对于男孩顶嘴,家长也不可以放任不管,而是应该采用正确的方法进行引导。

↑ 寻找男孩顶嘴的原因

爱顶嘴是一种正常现象。一般来说,男孩顶撞父母大致有以下几种原因:

第一,父母不考虑男孩的意愿,独断专行。比如男孩正玩得高兴的时候,让他立即停下来去做作业;男孩不愿弹钢琴,父母硬要他苦苦练习等,于是,冲突便在所难免。

第二,父母与男孩缺乏交流。有些父母一味采用家长制的教育方式,容不得男孩有半点不同意见。然而随着男孩长大,男孩逐渐表现出自己的独立性,便会觉得父母对自己的行为干涉太多,就容易与父母发生顶嘴。

第三,父母平时对男孩过于溺爱。父母对男孩过于溺爱会使他

们缺乏约束,不懂礼貌,在长辈面前我行我素,而父母又未能及时纠正其这种行为。等到男孩的坏习惯已经形成,要纠正就比较困难了。

第四,父母自己以身作则不够。父母平时在家中不注意自己的行为,对老人、爱人不尊重,往往为一些小事与家人发生口角,这会对男孩产生潜移默化的不良影响。

↑ 不要轻易责备、批评男孩

男孩顶嘴时,家长不要随便责备男孩或用抱怨的语气与其交谈,这些批评有时候十分尖锐,却不完全正确,会伤了男孩的自尊心,渐渐引起男孩内心的愤恨、埋怨,甚至记仇。所以在开口责备男孩前先要弄清缘由,不要乱批评;需要批评时,要注意语气、场合和方式;批评时要循循善诱,使男孩心甘情愿接受。而对男孩的困难和挫折,要真心帮助解决。这样,男孩还有什么理由与父母顶嘴呢?

↑ 减少溺爱举动

所有的家长都知道溺爱的害处,如果真是因为溺爱造成男孩顶嘴,那只能是从治根开始。只有把对男孩溺爱的氛围驱除了,顶嘴现象才能减少。在男孩明显是不讲道理地顶嘴时,家长要耐下心来,"把孩子当成大人"一样给男孩讲道理。等到男孩有所改变后,要用鼓励的言行强化他的转变。

做男孩的好榜样

做男孩的好榜样,这个方法其实也很简单。如果家长时常跟自己的爱人顶嘴,跟老人发生冲突,那管教男孩的力度就可想而知了。因此,多多以身作则,平日处事平和,不急不躁,遇到长辈时言行尊重,男孩自然会有潜移默化的改变,不再顶嘴。

鼓励男孩为自己申辩

对顶嘴的男孩,不要谩骂、不要体罚,要在家庭中发扬民主,鼓励男孩申辩。这可使男孩感觉到无论做什么,只有"有理"才能站稳脚跟,对发展男孩的个性极为有利。一味地压制男孩,让他把委屈吞进肚子里,只能造就孩子委曲求全或满怀忧愤的性格。当然,男孩有时可能会"狡辩",这时家长要正确引导,与男孩充分摆事实、讲道理。要知道,爱顶嘴的男孩一般都很有见识、内涵和智谋,只要正确引导,他们会早日成才的。

换个角度来看"顶嘴"

许多家长对男孩顶嘴持反对态度,其实如果能够换个角度来看,男孩与家长之间的顶嘴不但能够培养其语言能力、思维能力,还能够让男孩宣泄烦恼,与家长更直接地沟通。

想达到这种"顶嘴"的效果,家长首先要注意话题的选择,要挑选有价值的话题,大胆引导男孩与自己争论。其次,家长应该做好一定的知识储备,不急不躁,适时提高嗓门,在关键的论点上"据理力争",同时给男孩留一定的余地。再次,把握节奏。在男孩顶嘴的过程中,家长不能急于反驳,要给男孩充分的思考时间去发散思维,组织语言。最后,要适可而止,最好以总结性的语言结束顶嘴。此时,要先让男孩发表看法,总结自己的观点,然后和男孩进一步沟通交流,既要充分肯定男孩的观点,也要指出他的不足。

其实,原谅男孩顶嘴,甚至是允许男孩顶嘴,不但不会影响父母在男孩心目中的形象,反而能增进彼此之间的感情。随着男孩年龄的增长,他也会更加理解和尊重家长,为日后的教育与管理打下良好的基础。

男孩尤其需要平等与尊重

主人公：陆帆，小学六年级学生，平时有点马虎大意，总犯一些"小错误"。

妈妈：

您看到我的这张字条的时候，就应该知道我今天逃学了……

最近我上学总是迟到，挨了您和老师不少批评。有时候是我的错，我起床晚了，或者看错了时间；有时候我也不想迟到，但总会有一些突发情况，比如我崴了脚，没赶上公交车什么的……

上次迟到是因为老师把早自习提前了 20 分钟，为的是迎接年终的统考，而这个通知是我昨天去参加体育队特训的时候宣布的，我没有听到，也没人记得告诉我一下……迟到后，老师特别生气，嚷嚷着："再迟到你就别来了！"同时还打电话给您告状，您回家后把我狠狠训斥了一顿……

今天,我又迟到了,下公交车的时候我撞了一个老奶奶,把她买的菜撞翻了一地,等我帮她全部捡起来以后,才发现已经过了上课的时间……

我不敢去学校了,老师一定会大发雷霆的!于是,我回了家,您和爸爸已经去上班了,家里没有人。我害怕您再骂我,所以给您留下字条。我去同学家住一天,不要担心。

陆帆

6月20日

男孩尤其需要平等与尊重

给您的建议

有的父母总是喜欢严厉地责问男孩的错误,很少宽容男孩。在害怕情绪的支配下,男孩就学会了用撒谎、逃避等消极的方式来抵抗。实际上,当男孩出现这些问题时,教育者首先应该反省自己,必定是教育者的哪些方面使受教育者的心灵和思想受到了伤害。

男孩背负着成长中的各种压力,许多时候,摆在他们面前的拦路虎并不仅仅是学习、生活中遇到的各种问题,更多的是他们心灵上遇到的问题,诸如恐惧、沮丧、迷茫、无助……尽管男孩的身心发育还不完善,在处理许多事情时往往会出现错误,但是,随着他们不断地成长,男孩们自己会有一种自动纠错的功能,他们会意识到自己的错误,从而有意识地去改进。但是,父母总习惯于不断地呵斥男孩、打骂男孩,结果,男孩被骂怕了,被打怕了。当那种恐惧和无助的情绪占满了男孩的心灵时,可怜的男孩只好选择逃避、隐藏自己……

有这样一则故事:

一个男孩在玩旱冰鞋时,不慎撞倒了一个女孩,女孩摔得还很厉害。男孩的母亲不但付了女孩的医药费,还给女孩买了很多营养品,但是她没有责怪小男孩,而是把旱冰鞋递给他,让他第二天再出去玩。本以为难逃一劫的男孩万分庆幸,内心为自己的错误悔恨不已,

不仅溜冰时小心翼翼,其他类似错误也没再犯过。

其实,智慧的父母,往往对犯下错误的男孩报以理解、宽容的态度。其实,父母不用说,男孩犯错之后,很自然会"吃上一堑,长上一智"的。

用温和的态度对待做错事的男孩

当男孩犯了错——有时是无意犯错,有时是逆反心理和父母对着干——很多父母采取的手段是言语斥责,甚至棍棒相加。对于男孩来说,父母的打骂只会激起他们的反抗心理,在以后的行为中,男孩往往会和父母较劲,我行我素。

当男孩犯错误时,父母应采取温和的批评方式让男孩认识到所犯的错误,帮助男孩分析错在哪里,怎样去改正,而不能采取简单粗暴的管教方式,否则只能让男孩关闭与父母的沟通之门。

小越的妈妈发现他偷了自己的钱去请同学吃饭,但她并没有马上责骂小越,而是轻声把小越叫到跟前,进行了下面这番对话。

妈妈:你拿了妈妈的钱到学校请同学吃饭,有这回事吗?

孩子:嗯,有。

妈妈:你觉得你做得对吗?

男孩尤其需要平等与尊重

孩子:不对,我错了。

妈妈:你错在哪里?

孩子:我不该拿妈妈的钱。

妈妈:还有吗?

孩子:(不吭声)

妈妈:你在学校的主要任务是学习,不要沾染社会上的一些坏习气。还有,虽然你是拿妈妈的钱,可你不让妈妈知道,这也是小偷的行为,知道吗?

孩子:妈妈,我知道了,我以后会改的。

妈妈:以后如果碰到这样的事情,应该如实地告诉父母,不应该瞒着父母。还有,你平常也有自己喜欢的东西要买。这样吧,妈妈每月给你加一些零花钱,你花钱的时候,只要把花钱的情况做好记录,我们每月检查一次,发现记录得不清楚,就取消你一个月的零花钱。你觉得这样行吗?

孩子:行,谢谢妈妈!我保证不乱花钱,也会做好记录的。

小越的妈妈教育孩子的方式无疑是成功的,她用温和的批评方式让孩子认识到自己所犯的错误,并杜绝了孩子再犯这种错误的可能。

男孩就是在不断犯错误和不断改正错误的过程中成长和成熟起

来的。父母应该给男孩犯错误的权利,并在男孩犯错误时,给予理解,给予反省的机会和时间,用温和的方式让犯错的男孩不断走向成熟、走向成功!

第一,父母要避免粗暴、严厉的惩罚。大部分父母在男孩做错事的时候,总是很生气地责问他:"你为什么这样?"其责问的目的,是想用直接的方法让男孩自我反省。但是,当男孩没反应时,父母就会生气、动粗。

苏联政治家捷尔任斯基给父母的忠告是:"在他们痛苦与羞愧时要给以安慰,以便消除你发脾气时在他们心中留下的一切痕迹。母亲要呵护孩子的心灵,而不是相反地去伤害他。因此,你要记住,他们还是孩子,他们是无法了解你的,所以,无论如何不要在他们面前发火。"

第二,父母应该温和地鼓励男孩承认错误。父母要了解男孩犯错的动机,引导男孩对他的所作所为负责。当男孩向父母承认错误时,应该给予赞许。但对男孩所犯的过失也要有适当的处理,以免男孩以为只要"认错"就没事了。

第三,父母要消除对男孩负面评价的心理定势。父母对男孩过去的表现所形成的看法,会影响现在对男孩说话的理解,甚至误解和歪曲。所以父母应该尽量避免自己形成以偏概全、一坏全坏的心理

男孩尤其需要平等与尊重

定势。男孩是发展变化的,要排除主观偏见,耐心倾听男孩的心声。

用谅解感化男孩

谅解、宽容是一种豁达和挚爱,就如一泓清泉,可以化冲突为祥和,化干戈为玉帛,化仇恨为谅解;谅解、宽容是一种神奇的解毒剂。以宽厚之心对待男孩,就会使家长与男孩之间具有更多的信任与爱戴。

在工作中,很多家长能做到宽容朋友、同事,在家庭教育中,家长也要尽力做到谅解、宽容自己的男孩。男孩的身心都没发育健全,他们容易犯这样那样的错误,这时候,家长应该给予他们谅解宽容,谅解宽容他们因为害羞而不好意思跟老师打招呼;谅解宽容他们因为粗心而忘带作业;谅解宽容他们因为贪玩而不完成作业;谅解宽容他们因为动作缓慢拖拉而迟到;谅解宽容他们因为好动而上课不专心听讲……

人总是害怕犯错误的,一旦知道自己错了,内心便有惶恐感或负罪感,一般就会希望得到他人的谅解。正是因为家长的宽容谅解,男孩就会心存感激,便会下决心改正自己的缺点。

一位老师讲了这样一个故事:

我带的班里有个叫田优的同学,有不少让老师头痛的毛病,好动多话、听课时特爱插嘴。上课时,我讲课,讲着讲着,他旁边位置坐的同学报告:老师,田优抢我的钢笔。过了几分钟,他前边的同学也报告了:老师,田优摇我的椅子,不让我专心听课。再过几分钟,咦?怎么没人报告了?我正奇怪,一看,他正侧过身把一只手搭到后面同学的桌子上,和那个同学一起玩笔盒呢!

有时候,他不玩了,也不骚扰周围的同学,但他就总应我的话,我讲一句他就在下面回一句,虽然声不大,但总能让你听得到。刚开始的时候,我能耐心地提醒他:"田优,你知道上课的纪律是什么吗?""请不要影响其他同学上课"……

批评教育让他收回了手,坐好了,但没用,几分钟后他又那样。后来,为了减少影响别的孩子听课,我就把他的座位换了,让他坐到角落里,这样他只能骚扰到三位孩子。以后,我还隔三差五地跟他谈心,批评教育,一发现他犯毛病就严厉批评;也跟他的家长交流商量办法一起教育。可是,他就是改不了。

终于,有一天,我忍无可忍了,因为那节课我已经提醒批评他好几次了,而且他的应嘴插话还改了内容,本来同学一起回答:"对——"他却大声说:"不对——"我气得不得了,用那种应该说是很吓人的眼光盯着他大声说:"田优,你站起来。今天给我说个明白,你

男孩尤其需要平等与尊重

为什么这么做?"

他不站起来,而是斜着眼,口在一张一合地小声说着什么。当时我气得不得了,手都发抖了。他也太不给我面子了。我真要试试动粗能不能制服他了,刚好讲台上有一把直尺,我就用尺子狠狠地抽了他的手心,一边吼着:"说,为什么?"

当然那节课是没法上了。下课后,我把他带回办公室,狠狠地把他继续批了一顿,完了再跟他讲道理。他呢,眼泪吧嗒吧嗒往下流,也认错了,也保证要改了。可是,第二天,他还是那样!

再后来,我就分析,说教、讲道理,甚至动武,都没效果,平时跟他谈话也了解到,他也知道这样是不对的,那么原因应该就在于:

1. 说难听点,是一种病态,医学术语上说的多动症,不受自己的控制。

2. 他逆反心理强,你越批他,他就越犯得厉害。

找出问题的症结后,我改变了方法。我就想,既然是一种病,他自己也不想生病,谁都不愿意自己生病;既然病了,那我们就不该跟病人发火,就谅解他包容他吧,随他搞小动作,就当没看见。我鼓励他专心听课,举手发言,还及时表扬他。另外,我找了三个懂事的同学坐在他旁边,分别找这三个同学谈心:"老师给你派任务,以后田优动你们的东西你们就当没看见,让他动,照样专心听你们的课。"

这一次,情况终于好转了,他动别人,别人没反应,他觉得没意思,也缩回了手。我也不盯着他犯毛病,也没有再为他的一个小动作批评他,所以他没了对手,也斗不起来了。同学们也学着我对他的那些小动作不予理睬,漠视他的这些小动作,不打他的小报告了。这样,我能顺顺当当地上完一节课了。他呢,明显地,小动作减少了。

到现在,虽然,他还时不时犯那些小毛病,但我觉得我们关系更融洽了,应该说,他是个不错的学生,学习主动自觉,热爱班集体,还很有正义感,班上谁做得不好他会和我一起批评人家,作为小组长他尽职尽责。

"爱是接纳,爱是付出,爱是责任。"其实,父母也应该像这位老师一样,原谅男孩,相信男孩,鼓励男孩,才能使男孩在我们理性的期许中独立、茁壮。

男孩毕竟是孩子,难免犯错误,而且在很多情况下,男孩并不是故意犯错误的。所以,当男孩犯错误之后,作为家长,就应当理解男孩犯错误,正确对待男孩所犯的错误,只有这样,才能让男孩在不断犯错误中吸取教训,总结经验。这也正是所谓"吃一堑,长一智"的道理之所在。

其实,男孩在犯了错误之后,除非他没有意识到自己的行为是一种错误,如果他知道了自己的行为错了的话,那他本身就会有一种负

男孩尤其需要平等与尊重

疚感和纠正欲的。例如,当男孩因为考前没有认真复习而在考试中考砸了,那他就会在下次考前认真复习的。此时,家长只需要提示一下,男孩就很容易改正自己的错误。相反,如果这时候家长责怪男孩的话,男孩可能会产生一种抵制或逆反心理,反而不利于男孩对所犯错误的认识和改正。

爸爸,其实我没有去学校上课……
——理性面对男孩的撒谎行为

主人公:王磊,16岁,高中一年级学生,父母都是生意人,他也是个小小"生意迷"。

爸爸:

谢谢您的宽容和信任!

今天是情人节,我逃课了。等我回家后,您并没有冲我发火,只淡淡地问我去哪儿了,我骗您说:"还能去哪儿,在学校上课呗!"其实您早就知道我逃课了,因为下午班主任把您和其他几个逃课学生的家长一起叫去学校谈过话了。您没有愤怒地立即指出我在撒谎,只是沉默了一会儿,对我说:"儿子,我知道你长大了,我也相信你知道什么该做,什么不该做。有些事情你不愿意说,爸爸不会勉强你。"我真的很感动,也谢谢您对我的宽容和信任。

其实,今天我没有去学校上课,而是和班级里几个要好的哥们儿

男孩尤其需要平等与尊重

一起去卖花了,并不像老师和其他人想的那样出去约会了。我想趁着这个节日"赚一笔"。您和妈妈的生意都做得那么好,我也手痒痒,想试试自己的能力……

其他同学告诉我,他们回家后不是挨骂就是挨罚,只有您,没有打骂、责罚我。我知道逃课不对,以后我不会再这样了!

王磊
2月14日

[给您的建议]

男孩的说谎行为是比较普遍的。尽管人们希望男孩坦诚,施以严格教育,但男孩往往还是要说谎。父母若发现男孩有说谎的行为,那么做父母的则有必要先了解原因,并找出问题的症结,以避免男孩养成说谎的习惯。

♂ 说谎的原因

一般来说,导致男孩说谎有多方面的原因,但归纳起来,男孩说谎不外乎有以下几种情况:

第一,防卫性说谎。比如考试考得不好,讲出来怕会被打,于是就骗父母成绩单还没发,然后自己在成绩单上签名,这就是防卫性的谎言。通常男孩在闯祸或做错事情以后,不仅担心受罚,且内心充满压力,以致心里产生恐惧而诱发他说谎,这也是男孩说谎的最大原因之一。

第二,品质性说谎。这类男孩是为了达到某种不可告人的目的而编造谎言,企图蒙混过关,骗人相信。例如,一位男孩在邻居家玩耍时,看上邻居一个自己梦寐以求的掌上游戏机,想将它占为己有,于是趁别人不在时就偷偷地将它拿回家去,却对家长说是在路上捡到的。这是由于男孩已经有了是非观念,知道拿别人的东西是错误的,但又克制不住自己的占有欲,于是便用谎言来逃避父母的责备,达到占有这种东西的目的。

第三,补偿性说谎。有的男孩会因为羡慕同学的名牌衣服、高科技学习工具,所以就跟大家说:"这是我爸爸去美国帮我买回来的钢笔,比你们的还要好。"另外,男孩也会为了争取同伴的好感,常常自我夸张,这些都属于补偿性的谎言。

第四,暗示性说谎。这是一种由于成人语言暗示而引发的说谎。现实生活中这一类型的谎言屡见不鲜。例如,男孩作弊,家长质问:"是不是某某人要你给他递答案的?"看到男孩跟人打架受伤了,就问男孩:"是不是某某人先打你的?"等等。成人不正确、过于武断或直觉的判断,容易导致有些男孩不能冷静、公正客观地看待事实,而男孩由于不成熟,生活经验缺乏,极易受到成人语言的暗示,说谎也就在所难免。

↑ 不要轻易给男孩冠以"撒谎"的罪名

教育心理学研究表明,成人的预言会决定男孩对自己的评价,从

而决定男孩的努力方向。所以,在男孩面前不要轻易地冠以"撒谎"这样一个罪名。这不但会让男孩的自尊心受到严重的打击,也会让男孩产生一种负疚之感。即便是成人,如果受到别人的责备,都会感到窘促,更别说男孩了。对于男孩来说,他们比成人更渴望得到别人的肯定和赞扬。如果说成人的自尊心是一个气球的话,那么男孩的自尊心就是一个吹起来的肥皂泡,更容易破碎。有句俗话叫"矮子面前莫揭短",在一个撒谎的男孩面前我们是否也应该不要提"说谎"这个词。我们应该给男孩一个台阶下,像上面信件中的男孩父亲就以退为进,一句"有些事情你不愿意说,爸爸不会勉强你",让男孩体会到了父亲对他的体谅和尊重,反倒让男孩说出了实话。

↑ 杜绝对男孩的严厉惩罚

许多父母认为严厉的惩罚可以制止男孩撒谎,其实不是这样。严厉的惩罚会让男孩产生强烈的恐惧感,不敢面对事实,不敢面对父母,这样男孩就会产生自我防卫心理,会将撒谎"进行到底"。因此,父母在发现男孩犯了错误之后千万不可着急、气恼,更不可不问青红皂白就把男孩狠狠地训斥一顿。明智的父母会给男孩改正的机会,会耐心地引导男孩承认错误。当男孩主动承认错误时,父母应该给

男孩尤其需要平等与尊重

予鼓励,肯定男孩说实话是好的表现,然后指出错误的危害性,让男孩在鼓励中知错改错。

♂ 父母要摆正姿态,以身作则

男孩的品质来自家庭自小的培养,换个角度说,教育出什么样品质的一个男孩,很大程度上取决于家长的品质和行为。心理学研究表明,男孩对世界的观察和理解是从观察和理解父母开始的,因为他们距离父母最近,与父母接触得最多。男孩爱模仿不可怕,树立什么样的模仿对象是至关重要的,家长的榜样作用是重要的、不可忽视的因素。所以,要想让男孩用理智控制住说谎欲望,家长必须以身作则,树立正面形象。

♂ 不要替男孩找原因开脱

男孩是家长的宝贝,当老师、邻居告状的时候,很多家长从本质上不愿意相信男孩是犯了错的,所以很多家长会不自觉地替男孩找原因开脱:"是不是他先打你,你才打他的?"这样的话会在男孩的心里形成暗示,然后顺着撒谎。所以家长在遇到事情的时候,不要替男

孩找原因开脱,应该先让男孩自己说明事情经过,然后再做处理。

↑ 不妨对男孩来个"将计就计"

男孩说谎,有时候不妨给他来个"将计就计",无声无息之中使男孩认识到事情的不对,化被动为主动,从而尽快使男孩端正自己的行为,实现自我教育的目的。比如,男孩不写作业,硬说老师没有布置作业,家长大可不必和他计较,而是当着男孩的面给老师拨电话,也许还没有等家长拨完,男孩就已经"从实招来"了。当然"将计就计"也要讲究艺术,切勿把这样的做法奉为"至宝"。

男孩尤其需要平等与尊重

您对我很好,可是总让我觉得有距离……
——试着了解孩子对自己的看法

主人公:子扬,高中二年级学生,父母是外交官,与父母较长时间分居两地。

爸爸:

您今天问我,在我心目中,您是怎样一个父亲,并让我说说您有什么缺点,有什么需要改进的地方。

您提这个问题我很意外,除了沉默之外,我没有给您答案。您让我回房想一想,可以用写信的方式告诉您。

从小,您和妈妈就去了国外,我对您的印象并不深,以至于每次老师要求写"我的爸爸"一类的文章时,我就抓耳挠腮地编故事。

也许是因为长期不和你们在一起的缘故,我和你们并不亲。几年前你们回国定居了,我自然也和你们住在了一起。每天的早饭、晚饭时间都让我喘不过气来,因为太安静了……我不知道和你们说什

么,你们也不知道和我说什么,大家就这么安静地吃饭,久而久之就习以为常了。

您要问我您有什么缺点,我真不知道。在外人的眼里,您智慧、从容,是个典型的成功人士,在家您也彬彬有礼,对我尊重,给我自由。要说真有什么缺点吧,我感觉您就像隔壁家的叔叔,对我很好,可是总让我觉得有距离。

写了这么些,也不知道写清楚了没有。谢谢您看完我的信。

祝您晚安。

子扬

9月20日

男孩尤其需要平等与尊重

给您的建议

当男孩还只有几岁的时候,若带着他去朋友家做客,父母的朋友经常会指着男孩的妈妈问:"宝宝,这是谁呀?"男孩会很响亮地回答:"是我妈妈!"人家又指着男孩的爸爸问:"那这个人呢?"男孩会说:"是我爸爸!"这时候家长的朋友又问道:"他们好不好啊?"男孩会满足地说:"好!"而男孩的爸爸妈妈也会很欣慰地微笑。

男孩渐渐长大了,在男孩的心目中,爸爸妈妈是否会是一如既往的那个"好爸爸""好妈妈"?

让我们来看看:

在某学校的一次座谈会上,男孩们畅所欲言地诉说着自己的烦闷。

程程说道:"我妈经常对我瞎猜测,比如我明明学习成绩很稳定,我妈会对我说:'最近成绩下降了吧?'我要是因为反感我妈这话,没有理她,她就会继续说:'看你无精打采的样子,是不是学校考试了,你考砸了?'如果我拎着书包直接走进我的房间去做作业,我妈就会在门外说:'你关着门,不让我们进来,一定在玩游戏吧!'我现在在家里真是连话都懒得跟我妈说,放学回家一点也不开心,倒不如待在学校里。"

小勇说道:"我爸爸妈妈经常在外面搓麻将、打牌,贪图玩乐,不求上进,每天睡得很晚,早晨我都上学了,他们还不起床,我只好饿着肚子去上学;如果我学习成绩稍微有点下降,他们就劈头盖脸地骂我一顿;他们还经常说别人的不是,其实他们平时自己说话很粗鲁,人际关系也差。"

在程程和小勇的眼里,他们父母的形象是缺乏温情的。一般情况下,男孩如果成绩不好,他们在学校往往也很难有好心情。如果在家里又觉得父母不爱他,看不起他,他自己感觉就像是弃儿似的,从而会感受到双重的压力,这会使他更加厌学,更逃避学习,从而在网上寻求快乐和解脱,在游戏中放松和麻痹自己,等等,而父母肯定会对男孩更加严厉,更加失望,从而形成一种恶性循环。

可能很多家长都忽视了这一点,觉得自己是男孩的爸爸(妈妈),地位高高在上,男孩当然会以自己为荣耀和榜样。其实男孩的思想都很独立,他们有自己的思维空间,会对事物有很公正的判断。

所以,家长要知道男孩对自己的看法,然后改进自己,这是很重要的。那么家长怎样才能知道男孩对自己的看法呢?

从平等的对话中了解男孩对自己的看法

有一位美国心理学家是这样做的:

男孩尤其需要平等与尊重

"当我给我7岁的男孩整理着装时,我蹲下身,望着我面前的儿子,轻声地问他,在他的心目中,我是一个怎样的妈妈。我的儿子不仅说出了我的优点,同时还说了我身上的一些缺点。我听了之后很开心,并改进了自己。如今我和我的儿子不仅是母子的关系,还成了很好的朋友。"

若以我国大部分家长固有的那种审视的目光来看待男孩,非但不能真正体现出家长的威严,还会造成男孩对这类家长的鄙视。男孩表面屈从,内心却会叛逆,逐渐与父母之间出现很深的隔阂和代沟,更何谈从男孩口中知道他们对家长的看法呢?而这位美国妈妈以"父母蹲下去,男孩站起来"的方式,从与男孩的平等对话中,了解到男孩对自己的看法。这与一开始的案例中那位外交官父亲的方式一样,他们都能获得男孩的信任,从而能更好地与男孩相处,并让男孩开心快乐、健健康康地成长。

♂ 从拥抱中了解到男孩对自己的看法

李嘉诚的父亲是这样对待李嘉诚的——拥抱孩子,了解他是怎样看待自己的。

李嘉诚的家族治学风气很浓,知书识礼。李嘉诚的父亲知识涵

养俱佳,德高望重,致力于教育。可是,1943年冬天,对于14岁的李嘉诚来说是沉痛的,他那慈祥温和的父亲,永远离他而去了。李嘉诚没有退缩,而是鼓足勇气面对现实,以一种豁达的心态担负起家庭的重任,迎接人生的挑战。

李嘉诚回忆说:"最难忘的是父亲的拥抱。我至今还清楚地记得,稳健而富有涵养的父亲,与我亲密接触时,常常会忍不住紧紧拥抱我,在我耳边询问他这个父亲做得是否合格,我对他有什么意见,如果有意见,他会及时改正,以做一个好父亲。每次当我的父亲这样拥抱着问我时,我都会认真地告诉他,我对他的看法。比如,如果他能抽些时间陪陪我,我会很高兴的。我的父亲后来果真努力抽时间与我一起学习、做游戏。他是我的好榜样,是我的骄傲,我为有他这样的爸爸感到自豪。"

给男孩爱的拥抱,让男孩在你温暖的臂弯中,对你诉说他对你的看法,这样做更好地缩小了家长与孩子之间由于年龄、阅历等方面构成的差距,使男孩觉得家长更亲近。在这种氛围中,男孩会主动对家长敞开心扉。

家长们,如果你还不知道你的男孩对你的看法,那么就尽快地了解吧!知道了男孩对你的褒贬评价,你适当地改变一下自己,这样不仅可以建立良好的亲子关系,还可以完美地达到我们的教育目的!

男孩尤其需要平等与尊重

您能不能开放一点,别那么老古板呢?
——束缚的引导不是真正的引导

主人公:王建军,高中生,书香门第,父母家教很严。

爸爸:

我想买个平板电脑,您为什么就是不同意呢?

班级里很多同学已经有了不说,我买它来也不是为了玩,它能够方便我的学习!

当初手机刚出来的时候您就是这样,只要您觉得它可能会有负面的影响,就立刻"封杀",不让我用,怕我谈恋爱,收到黄色信息什么的,所以我是到了很晚才有了自己的手机。您看,我有了手机以后,也没有走上"歪路"吧?

现在,我想要一个平板电脑,您能不能开放一点,别那么老古板呢?

建军

10月4日

|给您的建议|

"引导"是教育界常用的词汇,但家长在"引导"男孩的时候,却常常没有弄懂"引导"的真正内涵,往往会犯一些原则性的错误,反而对孩子的思维造成了束缚。

很多家长认为,"引导"就是带着男孩向某个目标行动,这个目标男孩暂时不清楚,可是家长心中却很有数。于是,了然于胸的家长们便带着懵懵懂懂的男孩,往一个指定的地方出发。家长有时会装着对目的地也是一无所知的样子,让男孩自己去闯,美其名曰"主动学习",或者叫作"让孩子自己探索"。然而,男孩要是稍出偏差,爸爸妈妈们就会立刻封住前面的道路,让男孩走不通,终于只能走上"正道",到达终点。很明显,这样的引导只能束缚男孩的思维,如此这般的引导,还有什么意义呢?

那么,怎样做才是正确地引导男孩呢?

♂ 结合时代果断地帮男孩开路——引导的开放性

李琪缘的父母思想较为开放,在邓小平"计算机要从娃娃抓起"的感召下,在1992年毅然花了1万多元给刚刚上小学的小琪缘买了

男孩尤其需要平等与尊重

一台"386"电脑。小琪缘立刻对电子游戏着了迷。Windows95面世后,"386"可就不够用了。为了让它能兼容,心灵手巧的小琪缘——这个10岁的娃娃,把电脑当成了他的"练兵场",拆了改,改了拆,由此他探得了许多电脑的秘密。到1997年小琪缘越来越不安分了,开始把自己在电脑中"悟"出的道理、经验和技巧,写成文章,不断向专业的电脑媒体投稿。谁料想竟屡投屡中,被社会认可,真是其乐融融。在父亲的支持下,电脑升到了"P133",在"猫叫"声中小琪缘登录上网了。他东瞧瞧,西看看,呵!世界竟如此精彩,网络论坛、聊天室都留下了他的足迹,他成了个地地道道的网迷。

要说办主页,对一个初一的孩子,真是有点异想天开。可他不顾这些,他编程、试验;再编程、再试验;他的"琪缘工作室"网站终于问世了。由于他越搞越红火,而被"广州视窗"评为"国内50大个人主页"之一。"网易"也请他来制作"电视频道"。不久,他又拥有了自己的独立的国际域名。16岁时,琪缘统领着7位19~26岁的员工,他们相处和谐,工作默契,亲如一家。可在处理公司重大事情上,他竟又是那样大气和果断。他刚签完300万元的合同,又在与中新社谈判合作意向。面对资深、蜚声中外的知名谈判对手,他却是那样自如,显露出他出众的综合才华,真是个奇才少年。后生确实可畏,这是世界未来的希望!

其实,像李琪缘这样的孩子很普通,但他成为一匹电脑方面的黑马显然与父母的引导是分不开的。李琪缘的父母结合改革开放的时代特点,毅然果断地为小琪缘购置了电脑,他们为小琪缘的发展开了一条广阔的路,我们很多家长也有这样的机会,但因为没有看到社会大形势,忽略了引导的开放性,白白错过了可能原本对电脑同样有兴趣的男孩的成材机会。

♂ 大胆同意男孩的无理要求——引导的顺序性

有一位年轻的母亲,带着自己的孩子和很多亲戚家的孩子去花园玩。孩子们刚一进花园的门,就发现了数百株漂亮的郁金香。她的孩子问她:"我可以摘一朵花吗?"妈妈说:"可以。你要哪一朵?"那孩子选了开得最美的一朵郁金香。妈妈接着说:"这朵花是你的。要是把它留在这里,它过很长时间也不会谢。现在你要采摘拿走,它只能鲜艳数小时。你想把它怎么样?"孩子想了一会儿说:"我要把花留在这里,过一会再来看它。"

当天,这十多个孩子不仅在这里选择了他们想要的花,还跑到花园就近的学校,告诉其他的小伙伴们,每个人都可以来选一朵属于自己的花,但每个人都必须同意把选中的花留在园里,免得过早凋谢。

男孩尤其需要平等与尊重

那年春天,整个花园的花,不但一朵花都没有被糟蹋,还结交了大批小朋友。

这位年轻的妈妈在孩子发问时,并没有硬性要求孩子不摘花,而是相反,先"同意"了孩子摘花的无理要求,然后,再给孩子说明了不同的对待方式的后果,给了孩子自由选择的空间,让孩子自主地做出了正确的决定。

其实,引导得正确与否,首先就是一个顺序性问题,如果这个妈妈先摆明不同意的观点,再讲出正确的道理,最后让孩子看似"心悦诚服"地照做,那么,当然,这是一种引导,但是,这却是一种束缚孩子思维的引导,因为在孩子的脑海里(也可以说是孩子的天性),有了美好的东西当然想把它占为己有,这是很正常的。父母应该顺着孩子的思路去引导,让他们自己去发现正确的做法。要知道,意识是应该由孩子自己自发地产生,而不是由家长说服产生的。

根据男孩性格进行不同的引导——引导的特殊性

引导是有特殊性的,必须根据每个男孩的不同个性,采用不同的引导方法。

第一,理智型,理智型的男孩一般都会对知识如饥似渴,这是一

件大大的好事。可是怎样获得知识,怎样运用知识,这是需要父母及时给予指导的。比如说男孩笃信知识,认为知识就是力量,这是很好的。可是如果死守书本知识,那就很有可能变成本本主义或教条主义,这自然不好。中国有句古话叫作"尽信书则不如无书"。

因此,父母应该及时给予引导。其方法很多,比如带着男孩到田间去,让男孩了解哪些是禾苗,哪些是杂草;让他学会识别哪些是玉米,哪些是甘蔗;哪些是麦苗,哪些是韭菜;哪些是豌豆,哪些是蚕豆等。又比如,给男孩一些东西,如苹果、梨子、桃子、西红柿、西瓜、冬瓜、辣椒、大蒜、生姜等,让男孩知道,哪些是水果,哪些是蔬菜,哪些是作料等。如果男孩对宇宙空间很感兴趣,父母可以用地球、月亮、太阳、金星、水星、北斗星等作为例子,告诉男孩哪些是恒星,哪些是行星,哪些是卫星等,并告诉男孩区分的方法和标准是什么。

第二,自我型。自我型的男孩具有艺术家的性格和气质,想象力丰富,常常会沉醉于自己的想象世界里,缺乏对现实应有的关注。他们能发现每一件事物内在的生命力,喜欢用艺术手法和富有创造力的方式来表现自己的想法和情感。

他们喜欢探索自己、察觉自己,享受独处的快乐,喜欢用很长的时间来沉思,不喜欢关注跟他们的生活没有关联的事,认为这样很无聊。

对这种类型的男孩,父母要根据他们的特点,来进一步地引导男孩的想象力和创造力。应该更多地给予男孩鼓励和关怀,用爱心来引导男孩走出自己的世界,根据男孩的能力特点发展男孩的艺术才能。

第三,自卑型。自卑型的男孩往往性格内向,害怕和别人交往,觉得别人都比自己强,对自己没有信心。他们对任何事物都没有什么浓厚的兴趣,平时打不起精神,很少有开心的时候。

对这种类型的男孩,父母应该适度地赞扬他,在男孩面前肯定其自身的优点,让他看到自己身上的闪光点;并邀请他的同学来家里做客,让男孩和同学们一起玩,锻炼他与人交往的能力,培养男孩乐观的心态。

第四,依赖型。依赖型的男孩没有主见,任何事情都想着问爸爸妈妈怎么做,自己不肯动脑筋,没有自主、独立的精神。这样非常不利于他们健康的成长。

所以,父母应该多让男孩自己思考问题、动手做事,试图对男孩慢慢"放手",逐渐让男孩脱离对自己的依赖。而一旦男孩自己做成了某件以往做不成的事情,父母要以夸赞来作为鼓励男孩的动力。

引导男孩的方法很多,要把握引导的核心——特殊性,"运用之妙,存乎一心",具体问题具体对待,要把男孩对知识的钟爱变成强大

的原动力,开发出男孩的天赋潜能。

　　引导男孩绝对是家长的责任。教育要成功,首先取决于家庭教育,而作为父母,是男孩的第一任教师,于是,怎样引导男孩,成了成功的核心。家长们要把好正确的大方向,扮演一个"辅助者"的角色,让男孩自己大胆地驰骋在前进的道路上,千万不要在无意中与我们教育的根本目的背道而驰,要给我们未来的"科学家"们一双没有束缚的、自由的手。

第三章
培养一个心理强大的男孩

"勇敢""坚强""有领导能力""富有责任感"……这些都是形容一个拥有良好心理素质的男孩的词语。从性别的角度来讲,有些教育学家甚至认为它们是男性特征的一种体现。然而,对于那些正在成长的男孩来说,难道他们天生就具备这些心理素质吗?答案是否定的。一个心理强大的男孩需要你的培养,你的引导,你的教育。作为父母,需要仔细解读影响男孩心理发展的因素,探索男孩成长的秘密,而下面一封封来自男孩的信件,则是最好的突破口。

谢谢您对我的支持和鼓励!
——鼓励男孩班门弄斧

主人公：刘虎，14岁，体校学生，有勇气，自信心强。

妈妈：

谢谢您对我的支持和鼓励！

今天，老师要教同学们一些拳击动作，并且还给同学们介绍了一位全省少年组拳击冠军来指导大家。当老师问我们，谁有勇气挑战他一下时，我站了出来。许多同学都低头笑了。我尴尬极了，这时候望见正巧来学校找我的您。

我向老师请了一小会儿假。您原来是给我送手机的，早晨离家的时候粗心的我忘记带手机了，自然，您也知道了我挑战拳击冠军的事。您像"郭芙蓉"一样对我说："加油！我看好你哟……"

有了您的鼓励，我的自信心又上来了！

我走向拳击冠军,与他较量起来。因为我自己本身也喜欢拳击,平时在家也会练练,所以前五分钟我还能抵抗住他的攻击,可是越到后面我越难以招架,没过多久我败下阵来。

一些好事的同学们吹出一片"嘘"声,我难过极了。

课后,我接到您的电话,您问我打得怎么样,我没有好气地说:"我太自不量力了,简直是班门弄斧!"

您却对我说:"班门弄斧怎么了,班门弄斧也是要勇气的!其他同学没有一个敢去挑战,你敢,你就是一个比他们都勇敢的孩子!"

听了您的话,我的心情一下子就不一样了。

妈妈,谢谢您对我的支持和鼓励!

虎子

4月12日

给您的建议

虎子的妈妈认为,孩子"班门弄斧"也未尝不好,其实虎子妈妈的看法是正确的。"班门弄斧"是孩子勇气与自信的体现,而这些品质不正是我们家长想在男孩身上努力培养的吗?家长们,当你的男孩在有些场合做出在你看来也许是"班门弄斧"的事情时,你千万不要气恼,也不要觉得丢人,你应该借着这个难得的机会,做一些可以成就男孩一生的举动。

☆ 用信任的眼神鼓励男孩

"篮球飞人"乔丹小时候就非常崇拜大卫·汤普森,也非常喜爱篮球,但那个时候他的个头还很矮,他常常梦想自己能长得很高。那段时间,小乔丹总是天真地问妈妈:"妈妈,我能不能长得更高一点?"面对小乔丹稚嫩的问题,妈妈总是满脸微笑地说:"能啊!我们的小乔丹当然能长得更高!""每天晚上你睡觉的时候,妈妈都会为你祈祷,而且还会往你的鞋子里撒盐,这样我们的小乔丹就可以长得更高了!"乔丹从小就在妈妈这样的鼓励和支持下,对篮球充满了梦想。

1972年的一天,乔丹的妈妈陪着他去一个少年篮球俱乐部观看

培养一个心理强大的男孩

篮球比赛。在中场休息的时候,乔丹实在按捺不住自己对篮球的向往,突然站起来跑到球场中央,对那些比他个子大的哥哥们说:"我可以投个篮吗?"这时台下看到这场景,发出了一阵阵的嘘声,还有声音传过来:"小个子,快下去吧!别在这丢人!"只见乔丹的小脸憋得通红,难堪极了,可是他还是坚持说:"我可以的!让我试试看!"这些篮球小将们倒对他很感兴趣,给他扔过来一个篮球。乔丹接过篮球,向篮筐扔去,可是,由于那时乔丹个子很小,身体也很瘦弱,没有太大的力气,篮球还没"飞"到距篮筐的一半距离就落在地上弹了几下不动了。这时台下的嘘声更响了,小乔丹难为情地望向台下的妈妈,没想到妈妈不但没有露出嫌他丢人的脸色,反而正在用鼓励、信任的眼神对他微笑!乔丹感觉好多了,妈妈是相信他的!于是,他继续把球扔向篮筐,一下,两下,三下……台下的嘘声不见了,大家都在喊:"加油!好小子!"篮球最后虽然没有进筐,可是竟然碰到了篮筐的边缘。乔丹兴冲冲地跑回妈妈的身边,妈妈微笑着对她的孩子说:"好孩子,你真勇敢!总有一天,你会参加奥运会,你会参加篮球赛,你会得金牌!孩子,我相信你!你绝对行!我们就朝着那个目标努力吧!"

从此,在母亲的鼓励下,小乔丹开始为实现自己的理想而不断地努力,直到最后成为美国历史上最伟大的篮球手之一。

无疑,乔丹一开始"冲动地跑到球场中央",在那么多具有专业水

准的篮球手面前想"投个篮"是一种"班门弄斧"的举动,后果也确实不出大家的所料——他受到了一阵阵的唏嘘,但是,乔丹的妈妈却看到了乔丹"班门弄斧"的勇气和自信,她给予了乔丹"鼓励、信任的眼神"。最终,乔丹在妈妈理念的支持下,实现了儿时的梦想,成为世界上最伟大的球员之一。

对于男孩来说,鼓励往往具有不可思议的"奇效"。男孩们对自己的评价往往来自于身边其他人对他的评价。在男孩"班门弄斧"地展现自己、表现自己的时候,无论他是否赢得了掌声,家长们都应该鼓励地告诉他:"孩子,你真勇敢!"男孩就会产生强大的信心面对眼前的困难。千万不要吝惜对男孩的夸赞和鼓励。你的一句话、一个眼神可以成就一个男孩,也可以毁掉一个男孩,这绝不是耸人听闻的。

↑ 隐蔽而巧妙地帮助男孩

男孩的"班门弄斧"多以失败告终,虽然成功与失败无伤大雅,但如果你的男孩在你隐蔽的帮助下取得了成功,那他的勇气和信心是不是能够得到更好的提升呢?

一天,一位年轻的母亲带着一个只有两岁的小男孩在书店看书,她要为自己的小宝贝挑选几本不错的读物。妈妈在一边挑书,这个有

培养一个心理强大的男孩

些淘气的小精灵则开始在书店里蹿来蹿去,似乎要把整个书店给"研究"个明白。过了一会儿,妈妈挑好了几本书,正要把书整理一下带走,小男孩突然挡住妈妈,表示要自己将书拿起来。他噘着小嘴,摆出一副"我要拿给你们看!"的可爱样子,然后就开始一本一本地往手里塞书。令他生气的是,总有一本书会从他的手中滑落到地上,他反反复复地尝试了四遍,结果四遍都失败了。小男孩开始有些气恼,整张脸涨得通红,眉头也跟着拧了起来。

小男孩的妈妈有些着急,但她仍然耐心地说:"再试一次吧!"于是,在小男孩第五次往手里塞书的时候,妈妈在一旁抽掉了其中一本书,小男孩这次终于成功地把书全都抱在了怀里,开心地笑了。

所谓"班门弄斧"就是当自身能力还达不到某一目标时,勇敢地挑战比自己强大的人或事物,它是一种超越自身的欲望。小男孩才两岁,身体协调性和力量还没有达到能抱起一大摞书的程度,但他却有了班门弄斧的勇气——挑战自己的极限,而这位妈妈只是通过一个小动作,隐蔽而巧妙地让男孩树立了"我能行"的自信和勇气,未尝不是一种聪明的举动。

当你的男孩"班门弄斧"地做一些你看起来似乎可笑的事情时,不要嘲笑他,更不要阻止他,你应该用鼓励的眼神凝视着他,适当的时候隐蔽地帮助他,进一步培养他的勇气和自信!

明天我不想去上课了,行吗?
—— 毅力是男孩成才的必要条件

主人公: 方强,小学六年级学生,遇到困难常常退缩,半途而废。

爸爸:

我不想参加武术培训班了。

每天枯燥地练习,加上劈腿、倒立等难度那么高的动作,弄得我筋疲力尽。虽然在暑假开始的时候,是我要求学武术的,可是我也没想到它那么难学,那么艰苦……

明天我不想去上课了,行吗?

方强
8月4日

培养一个心理强大的男孩

给您的建议

毅力是男孩成才必须具备的重要素质之一。有毅力的人才能表现得坚强,才能更大限度地发挥自己的潜能,实现人生理想,成为一个有所作为的人。爱因斯坦曾说:"优秀的性格和钢铁般的意志比智慧和博学更为重要。"男孩如果做事缺乏毅力,那么做什么事情都很难坚持到底,像温室里的花朵经不住风霜一样,经不起挫折和打击,很难有什么成就的。因此重视男孩毅力的培养是家庭教育的一个十分重要的环节。

约翰·塞巴斯蒂安·巴赫(1685-1750),德国著名的作曲家、管风琴家,是将西欧不同民族的音乐风格浑然融为一体的开山大师。他萃集意大利、法国和德国传统音乐中的精华,使之曲尽其妙,珠联璧合,对后来将近三百年整个德国音乐文化乃至世界音乐文化产生了深远的影响。

巴赫出生在德中部图林根地区风景优美的爱森纳赫的一座红顶楼房内,他的父亲约翰·阿姆布罗修斯是一位小提琴手,很早就成为宫廷乐师和乐队指挥。巴赫的父亲有意把儿子培养成为自己的接班人,通过几天观察,他感到巴赫不仅对音乐有很强的兴趣,也确实有几分音乐天赋,是个学音乐的材料。同时,他清醒地知道,要成为一

个音乐人才,非一日一年之功,在漫长的学习过程中,除了专心,还要有毅力。于是,他对巴赫说:"爸爸看到你的条件不错,很有可能成为一个比爸爸还强的音乐家。不过,要取得成功,就要坚持不断地练习,这就要有毅力,要耐得住寂寞,耐得住困难,耐得住失败。孩子,你有这个信心吗?"

小巴赫认真地说:"爸爸,我知道了。"

父亲这才放心地点了点头。

接着,父亲把小巴赫带到房间,教儿子知道什么是弦乐器。他拨了一下小提琴上的弦,告诉儿子:"通过弦鸣响的乐器或用弦的乐器,像维奥尔琴、小提琴、竖琴、琉特、吉他等都是弦乐器。"

小巴赫也学着父亲的样子拨了一下小提琴,听到嘭嘭的声音,他问:"爸爸,小提琴真好听。它好学吗?"

"好学是好学,但要学成功,就必须坚持不懈地练习,当然还要抓住要领,掌握正确的方法。这些,爸爸都可以教你,关键就要看你是不是有毅力了。"

在父亲的指导下,小巴赫学得很认真,也很吃苦。首先,他练习手法,握弓、顶弦、平行推拉、悬肘、运力,等等,天天练个不停。时间久了,肩酸了,背痛了,肘也抬不起来,甚至手不断地抖,使不上劲儿。这时,他就停下来,擦一把手上的汗,捏一捏指头。看着手指肚上被弦勒出的一道深沟,他流下了眼泪。但是,一想到爸爸的话,他又接着练习。

开始,他拉出的声音很单调,"吱吱——""嘎嘎——"地响,令人昏昏入睡。他知道,这是基本功,是绕不过去的。声音不好听,正说明自己的工夫不到。每当他拉得又累又苦时,他都会想起父亲的话:"要坚持,有毅力。"正是父亲的话不断地在激励他。

经过一段时间的练习,他渐渐地悟出了门道:拉琴时不能用力过大,得学会控制手中的弦,控制好了,声音才会变得柔和起来,轻重也可以随心所欲。这个从实践中得到的体会,使他有了努力的方向。

由于巴赫的聪明和用功,他很快学会了父亲教的最基本的技巧,能独立照谱演奏了。他的小提琴拉得不错,但他更喜欢中提琴,后来在音乐会的弦乐重奏中,他总是拉中提琴,想必就是这时打下的基础。小巴赫的刻苦劲儿,使父亲深受感动,也很欣慰,他认为:照此下去,儿子准行。

弦乐器的基础打好之后,小巴赫又开始从堂叔那里学管风琴。从此,他的音乐才华一步一步得到了培育和发挥,终于成为享誉欧洲的大音乐家。

巴赫的成功与他的毅力密切相关,可是现在很多男孩是在"蜜罐"里长大的,学习、做事缺乏毅力,这对男孩的成长是极为不利的。

家长应该怎样培养男孩的毅力呢？

↑ 让男孩养成好习惯

从这一分钟开始，家长就要有意识地让男孩学习、做事有始有终，养成好习惯。如男孩学洗自己的衣服，绝对不准借口累或手疼半途而废……长此下去，就会习惯成自然，"坚持"也不再是难以克服的困难了。

↑ 让男孩吃点苦

在物质条件过分优裕环境中长大的男孩大多缺乏毅力，因此，父母应有意让男孩吃点苦。日本的家长很注意对他们的男孩进行"吃苦教育"，再富也要苦苦男孩。日本的小学生在无老师带领的情况下，面对着既无水源又无食物的可怕自然界，安营扎寨，寻觅野果，捡拾柴草，寻找水源，自己营救自己。越是物质生活十分富裕的国家，越是重视对男孩的"吃苦"锻炼，以培养他们的毅力。

培养一个心理强大的男孩

↑ 让男孩一心一意做事

心理学家指出,"三天打鱼,两天晒网"式的生活对培养男孩的毅力往往起负面作用。因此,父母要注意培养和鼓励男孩一心一意做好某件事。

↑ 加强体育锻炼

多让男孩积极参加适宜他们的体育锻炼,不仅可以增强体质,而且还可以增强男孩的心理承受能力,这也有利于培养男孩的毅力。

↑ 当男孩遇到困难时要多鼓励

男孩在接受意志力考验的过程中,难免会遇到困难或挫折,出现意志消沉的情况。这时,父母要给予男孩帮助、鼓励,让男孩鼓起勇气过难关,使男孩得到很好的意志力的锤炼,从而增强毅力。

今天是我的错……
——男孩的成长离不开反省

主人公：龙悦，15岁，初中三年级学生，刚刚结束中考。

妈妈：

我反省过了，今天是我的错……

今天早上，您要去阿姨家，我因为同学聚会所以不去，您让我聚会完之后，大概4点左右去阿姨家，然后我们一起回去。

可是4点的时候我并没有到阿姨家。当我晚上8点赶到阿姨家的时候，看到了您坐在沙发上耐心等待的样子。我向您道歉，说："有个同学得了急性阑尾炎，把他送到医院之后我才赶过来。"

您听了我的解释之后，看了我一眼，那个眼神我想我永远也不会忘。

您平静地跟我说："为什么要对我撒谎？"

培养一个心理强大的男孩

原来,在我迟到的这四个小时里,您已经打电话问过其他聚会的同学,就怕我是因为出了什么意外才迟迟没有到阿姨家。您通过电话得知,我们聚会之后,又一起去唱歌,所以时间拖得久了一点。

您说:"聚会、唱歌没有什么,你们刚经历过中考,放松下是可以的。我失望的是,为什么要对我撒谎!"

您说完后,和我一起踏上了回家的路。我们一路是走回去的,凉凉的晚风让我一路走,一路反省。妈妈,我知道错了,无论如何我都不应该骗您,相信我,我不会再犯第二次错误了!

龙悦

7月30日

给您的建议

中国古代著名的儒学家曾子说:"吾日三省吾身,为人谋而不忠乎,与朋友交而不信乎,传不习乎。"每个人在做事的时候都要展开反省思维,持有自我修正的态度。一个善于反省的人,往往能够发现自己的优点和缺点,并能够扬长避短,发挥自己的最大潜能;而一个不善于自我反省的人,则会一次又一次地犯一些同样的错误,不能很好地发挥自己的能力。

胡适(1891-1962),原名胡洪,字适之,安徽绩溪人,著名学者。他的主要著作有《中国哲学史大纲》《尝试集》《白话文学史》和《胡适文存》等。

胡适很小的时候,父亲就不幸病逝了,从此,母亲就担当起教育子女的重任。胡适的父亲生前经常教妻子冯顺弟读儒家的书,冯顺弟受丈夫的影响很深,她将丈夫的教诲牢牢记在了心中。通过学习,她深谙反省对于一个人的重要性,所以在教子的时候,特别注意培养胡适自我反省的能力。

她记得丈夫教过她曾子的名句:"吾日三省吾身,为人谋而不忠乎,与朋友交而不信乎,传不习乎。"她对这句话印象非常深刻,就拿来勉励、鞭策儿子胡适。

每天临睡之前,胡母便坐在床沿上,叫儿子站在床前搁脚板上,让儿子学着古人的做法来"三省吾身"——今日做错了什么事,说错了什么话,该完成的学习任务是否完成,等等。

胡母在督促儿子"三省"之后,又对儿子细细讲述他父亲生前的种种好处,说:"你总要跟得上你父亲的脚步,他是一个完全的好人。你要学他,不要给他丢脸。"一次说着说着,母亲动了感情,想起养育儿子的艰难,还有丈夫生前的好处,不觉眼圈都红了起来,几乎掉下泪来。

小胡适看见母亲这样伤心,拉着母亲的手,不知道该说什么来安慰她。这一刻,他深深地体会到母亲的辛苦,在心里暗暗下定决心,要好好听母亲的话,求知上进,给父亲也给母亲争口气。

有一个对自己严格要求的母亲,是胡适的福气。一个人之所以能够不断地进步,在于他能够不断地自我反省,找到自己的缺点或者做得不好的地方,然后不断改正,以追求完美的态度去做事,从而取得一个又一个的成功。对于男孩来说,学会反省的思维方式是成长的一个秘诀。一个不会反省的男孩永远也长不大。

培养男孩的反省思维,家长不妨参考以下几点:

↑ **不直接对男孩的错误横加指责**

当男孩做错事时,家长不要一味给予斥责,这样易引起男孩的反感,对家长产生抵触情绪,使男孩内在智力的发展受到限制。这时,家长可采用冷静的态度,从侧面引导男孩进行反省,明辨自己的过失。

↑ **让男孩自己承担犯错的后果**

男孩做错了事,许多家长常常替男孩去承担犯错的后果,使男孩觉得做错了也没关系,从而丧失责任心,不利于培养其反省的能力,使他以后容易再犯类似的错误。所以,家长应该让男孩自己去承担犯错的后果,让男孩明白,一旦犯错,将会造成不良甚至严重的后果。

↑ **重视负面道德情感的良好效应**

给男孩灌输正直、善良、勇敢等正面道德情感,可塑造其美好的心灵,而让男孩体验羞愧、内疚等负面道德情感也会使其受益匪浅,而且羞愧、内疚等负面道德情感与正面情感相比,更能在男孩的心中留下深刻的记忆,促使他不断反省,区分好坏、是非、对错和美丑,改正错误。

↑ 让男孩学会接受批评

每一个人,当然也包括每一个男孩,都喜欢受到表扬,而不喜欢受到批评。但是,一个人一般只有在接受批评之后,才会开始反省。因此,父母应该让男孩在小时候就学会接受批评,这不仅能够塑造男孩完整的人格,而且可以帮助男孩在其他方面取得成功。

↑ 让男孩学会总结经验教训

总结经验教训可以帮助男孩进行反省,例如,一个男孩用打架来解决与同学之间的矛盾,如果他在打架上吃了亏,他会想:"上次我感到生气的时候是用打架来表达我的愤怒的,结果我被别人打了,那么下次发生这样的情况时,我该怎么办呢?我不用打架可以吗?是不是有更好的解决方法呢?"如果男孩经常会总结经验和教训,那么他就很容易明白反省的意义,掌握反省的技巧,这对他的人生会有很大的帮助。

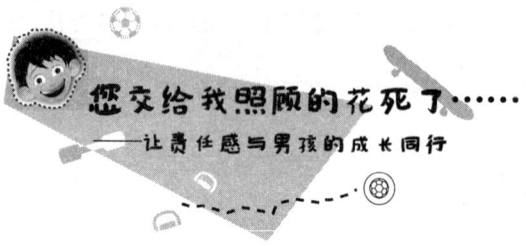

主人公：余威，小学四年级学生，活泼好动，常常因为贪玩而耽误了正事。

爸爸：

您交给我照顾的花死了……

因为您要出差，所以您把浇花的任务交给了我，我向您保证，一定会照顾好它。最初几天，我是每天都会去看看它的，可是后来，因为贪玩，我总是忘记去给它浇水。现在，它叶子开始泛黄了，我想，它是快死了吧……

真的非常对不起，是我的错。等您出差回来，我接受您的惩罚。

余威

12月4日

给您的建议

责任感是一个人对他所承担的任务的自觉态度,包括对自己的责任、对他人的责任、对集体的责任和对社会的责任。一个对自己有责任感的男孩,自觉水平高,让家长省心;一个对他人有责任感的男孩,亲善行为多,让家长宽心;一个对集体和社会有责任感的男孩,人小志气大,让家长放心。因此,有责任感的男孩表现出很多优点:自觉、自爱、自立、自强……责任感不像知识、技能和能力那样明晰可见,但它是能力发展的催化剂。然而,现实生活中有很多男孩缺乏责任感,遇事习惯推卸责任。

"妈妈,我想我不能回家吃午饭了,外面快下雨了,姑姑家的伞一把坏了,一把被姑父拿走了,我又没有带伞……"姚晨在电话里说,"这事儿都怪你,干吗早晨不坚持让我带上伞,现在我只能等下过雨之后再回家了!"

姚晨的妈妈一时脑子有点转不过弯来,她挂上电话后,不禁自言自语:"这事儿怪我?"

回想起早晨,姚晨临走前,妈妈忽然想起早晨的天气预报,于是赶紧拿出伞让儿子带上,姚晨却笑道:"妈妈呀,外边阳光那么明媚,我又不拄拐杖,带什么伞呀!妈妈,再见……"说完便一溜烟地跑了!

现在,儿子居然把责任推卸、转嫁到别人的头上!

姚晨的妈妈是一位教师,从教多年的她深知那些习惯于寻找借口的男孩大都对生活以及学习缺乏突破的勇气,容易躲在自己越来越收缩的狭窄空间里,为自己的能力和经验不足而造成的失误寻找看似合理的借口,借以自我安慰。她准备一会儿儿子回来以后,一定要好好和他谈一谈,她必须让儿子明白:找来许多"理由充分"的借口,企图掩饰自己的行为过失或者为自己的行为过失开脱,转嫁到他人身上,其实是一种很糟糕的、不负责任的表现。

现在的男孩绝大多数是独生子女,生活条件优越。他们往往以自我为中心,对父母、对他人、对社会要求高而多,对自己要求低而少。日常生活中类似于上面故事中的"都怪你"现象层出不穷。在对于男孩责任心教育方面,以下有几条建议:

↑ 让男孩学会自己的事自己做

许多父母把无限的爱都倾注到了男孩身上,对男孩的关怀可以说是无微不至,让男孩们过着衣来伸手、饭来张口、养尊处优的生活。本来是他们应该自己做的事情全都由家长代劳了,应该自己负的责任全都由家长承担了。因此,培养男孩的责任心首先就要求家长放弃对男孩的溺爱,让男孩去做一些他力所能及的事情,让男孩去为自己多承担一些责任。

树立男孩的责任意识

责任感是做人和成才的基础,家长要利用一切机会向男孩灌输负责任的重要性。比如,可以通过读书、讨论等多种形式,用古今中外承担责任的人物故事,让男孩从小树立责任的意识。例如:"身无分文,心忧天下"的毛泽东、"为中华之崛起而读书"的周恩来,他们之所以做出了突出贡献,赢得了历史和人民的尊敬无不源于他们自觉的责任感。这些生动具体的事例,都能给男孩冲击和震撼,帮助他们树立责任意识。

运用自然后果惩罚法

在日常生活中,当男孩出现一些不负责任的行为时,常常会伴随着产生一些不良后果。有一个真实的故事:男孩的妈妈明明知道男孩没有带文具盒却不告诉他,结果男孩因上课没法做作业受到老师的批评。"我只是想让他明白,上学记得带文具盒是做学生的责任,

如果没有尽到责任就应该受到惩罚。"男孩的妈妈说。这就是所谓的"自然后果惩罚法",是通过让男孩承担由于自身不负责行为所产生的不良后果,让男孩感受到自己不负责任行为对自己和他人所造成的严重影响,认识并体会到责任的重要性,从而树立责任意识。

♂ 树立榜样,让男孩形成责任感

男孩具有强烈的模仿倾向,家长不仅是他们的支持者、引导者、合作者,也是他们直接模仿和学习的榜样,家长的言行往往对男孩产生直接或间接的影响。因此,在教育男孩的过程中,家长必须严格要求自己,使自己的言行保持一致。在日常生活中,家长要教育男孩关心家人、帮助邻居、爱护财物等。这样,男孩在成人潜移默化的影响下,会不知不觉地形成强烈的责任感。

♂ 多鼓励、表扬,少指责、批评

男孩的责任感的形成是一个渐进的过程,需要日积月累。家长当男孩完成一件事后,或者完成一件事的某个阶段后,给予男孩公正及时的评价,并善于用语言的教育艺术塑造男孩的责任心,如:"我相信你还会把事情做完做好的",使男孩相信自己有能力、有责任承担,只要努力去做就能做好。同时,家长还要教男孩今后还应该怎样做就更好,既使他看到自己潜在的能力,又看到不足之处,以利于帮助男孩养成积极、认真、严谨的生活、学习习惯,培养男孩对自己言行负责的态度。

妈妈，我想转学……
——提高男孩的耐受挫折能力

主人公：张文，13岁，农村孩子，通过父母托关系，刚进入省城上了初中。

妈妈：

我是鼓起了所有的勇气，才决定跟您说这件事的。

我想转学。

到了这个重点中学，我的压力非常大。记得一开学的时候，班主任就进行了一次摸底考试。分数公布后，我就傻了眼，自己虽然考了81分，却是班级倒数第4名。在以前的小学，我可是班里的学习尖子，经常排在前五名之内。后来虽然我加倍努力，但考试成绩总没有排到30名之前。我从此开始后悔到这所学校来上学。

您和爸爸总是出差，没有多少时间来过问我的学习情况，但当知道我的成绩老是在班里处于差生位置时，就对我进行了严厉的批评：

"来这所学校多不容易,你要抓紧用功,争取把成绩提高到中游以上。"

我也想啊,可是我和他们的差距太大了,我真的做不到!

所以,请同意让我转学吧!

张文

11月2日

|给您的建议|

所谓挫折,是指人们为满足自己的某种需要,在追求达到特定目标的活动中,遇到了无法克服或自以为无法克服的障碍和干扰,使其需要不能获得满足时所产生的紧张状态和消极的情绪反应。

"没有挫折就没有成长",男孩在成长的过程中必然会遭受各种各样的挫折和失败,这种挫折和失败在给男孩带来巨大心理压力与情绪困扰的同时,也给男孩带来了成长的契机。作为家长,指导男孩正确处理失败和挫折是非常重要的。

强化耐受挫折的心理准备教育

现在的男孩往往对遭受挫折的心理准备不足或根本毫无准备。他们基本上是独生男孩,平日是家人呵护的对象,缺乏应对挫折情境的锻炼和培养。因此,家长应该让男孩具备以下观点:挫折是任何人都不可避免的,具有普遍性、客观性;产生挫折的原因有外部原因,也有内部原因;挫折是令人不快的,但不快程度及其转化情况却是由自己控制的,应使各种挫折成为锻炼自己成长的摇篮。这样,男孩便能在头脑中储存挫折的信息和做好接受挫折的心理准备。

培养一个心理强大的男孩

通过认识各种挫折进行耐受挫折教育

家长可以利用报纸杂志刊载的、现实生活中的,甚至是身边发生的挫折事件,不失时机地对男孩进行挫折教育。这些挫折主要包括三类:

第一,自然环境挫折。大自然一旦大发淫威,人的力量就显得渺小无力;但如果此时人的耐受挫力强,最终仍能实现"人定胜天"。家长可以组织男孩和家人讨论"假如洪水淹没了我的家……"等。

第二,社会环境挫折。由于社会条件的种种限制,人的某些需要和动机可能无法实现,但如果对此心理准备不足,也可能导致受挫折。如家长可以在男孩参加学生会干部差额选举投票前先开展"假如我落选了"的讨论,以防患于未然。

第三,个体需要挫折。当男孩遇到困难和挫折时,可开展相应的耐受挫折教育的主题活动,让男孩懂得,动机与目标,能力与期望永远存在差距。这样,日积月累,潜移默化,男孩的耐受挫折能力就会逐渐提高,从而做到宠辱不惊,成败坦然。

⇧ 利用挫折体验进行耐受挫折教育

许多研究表明,早年的受挫折经验有助于成年有效地适应环境,正所谓"逆境成才"。为此,家长可联合学校老师通过开展各种主题活动来为男孩创设受挫情境。这类活动形式颇多,如远足、野营、登山、军训等。家长还可以开展"今天我当家""怎样解决生活难题"等实践操作活动,以提高男孩的生存能力、自理能力。

⇧ 注意利用榜样进行耐受挫折教育

社会学习对男孩的成长是非常重要的,对于男孩来说,榜样的力量是无穷的。如因遭受失学挫折而奋发成才的爱迪生、华罗庚;战胜病残而卓有成就的海伦·凯勒、张海迪等。这些优秀人物的事迹都会给男孩带来鼓舞的力量。

⇧ 男孩遭遇挫折后的引导和教育

挫折是不可避免的,但也是可以改变的,家长应给予受挫男孩以必要的引导和教育。

第一,要男孩敢于正视现实,承认现实。在男孩遇到挫折时,家长要以实事求是的态度帮助男孩认识现实,承认现实,应要求男孩多考虑主观因素,不要过多地强调客观原因,更要注意纠正男孩"自我感觉良好"的"不承认主义"态度。

第二,帮助男孩下定决心,想办法摆脱困境。家长应帮助男孩下定决心,想办法摆脱困境,这一点是十分重要的,是解决问题的关键。要让男孩把眼前的不幸或挫折,当成考验自己、磨炼自己、锻炼自己的大好机会。家长应教育男孩,在失败和挫折面前,要做一个强者。

第三,用补偿的方法战胜挫折。由于主客观条件的限制与阻碍,男孩的目标无法实现时,父母可以教育男孩采取补偿法来达到目的。如以新的目标代替原有的目标,以现在的成功体验去弥补原有失败的痛苦。这就是人们常说的"失之东隅,收之桑榆"。

第四,用升华法来战胜挫折。男孩遇到挫折后,父母可教育他将自己不为社会所认可的动机或行为转变为符合社会期望的动机或行为,或者将低层次的目标追求引导到更高的目标追求之上。升华一方面转移或实现了原有的情感,使心理获得平衡,另一方面创造了积极的价值。

谢谢您！我的心情好多了！
——塑造男孩乐观的心态

主人公：卞飞，14岁，因为严重的喉炎动了手术，嗓子变得很沙哑，常被同学嘲笑。

爸爸：

谢谢您！我的心情好多了！

自从我的嗓子开了刀以后，声音就变得"破铜锣"一样，一说话同学们都笑我，于是我变的悲观起来，觉得老天为什么这么不公平，一定要让我的嗓子出问题！直到昨天，您给我讲了贝多芬的故事，我豁然开朗！

贝多芬26岁时，开始发现自己的听力渐渐衰退，到了45岁时，他的耳朵完全失聪了。在这一段时间里，他曾留下过遗书，想结束自己的生命，人生似乎不值得继续下去了。对一个音乐家来说，还有比听不见他喜欢听而且靠它生活的甜美声音更不幸的事情吗？

培养一个心理强大的男孩

  贝多芬放弃到各王宫去听他如此喜爱的欢快的音乐会,他怕人们注意到他的耳聋,以为一个听不见声音的音乐家是写不出好作品来的。就在贝多芬逐渐放弃自己的时候,他一遍一遍地感受自己写的一切音乐,慢慢地,他感受到,音乐不仅是用迷人的声音安排各种主题或音型,它也是表现最深刻的思想的一种语言。他决定要"扼住命运的喉咙"! 他乐观地对自己说:"也许对我来说,在耳聋的时候创作音乐并没有别的音乐家那么难!"

  最后,贝多芬还是重新振作了起来,他那坚强的个性不可能屈服于命运摆布。事后,贝多芬感慨地说道:"在我尚未感到把我的使命全部完成之前,我觉得我是不能离开这个世界的。"

  贝多芬的耳朵都聋了,仍然能够重新振作,我只是嗓子的声音变得不好听了,和他比,我幸运多了!

  爸爸,我再也不会萎靡不振了,我会重新变回到那个开朗积极的小飞!

卞飞
1月27日

给您的建议

乐观使人能看到事情比较有利的一面,期待更有利的结果。调查显示,开朗乐观的人不仅较为健康(其癌症患率明显低于悲观抑郁者),而且生活较为幸福,事业上也较易获得成功。

李·艾柯卡是美国著名的企业家,他的父亲尼古拉·艾柯卡也是一位企业家,最富有的时候,拥有几家电影公司和富兰克林戏院,另外,还有一个包括30多辆车的车队。所以,在李·艾柯卡6岁之前,他们的生活非常安逸温馨。但是,就在上世纪30年代那场经济危机之后,尼古拉家里几乎丧尽了全部财产。面对这样悲惨的局面,尼古拉和妻子没有悲观失望,也没有把失败的阴影带给男孩。童年的李·艾柯卡一直从父母那里得到了慈爱和温暖,得到了战胜困难的乐观精神和积极迎接生活挑战的处世态度。

父亲虽然仅上过4年学,却是那种能够把理想和现实结合起来的人。他在经商过程中不止一次地遇到过挫折,都凭自己的智慧和经验闯过来了。他善于总结自己的人生经验,并把这些经验传授给男孩。在儿子的成长过程中,每当遇到困难时,他都能找到适当的话题,及时给以点拨。比如,如何应对困难,如何结交朋友,如何做好每一件事和如何实现自己的理想,等等,他都不时地把道理讲给儿

培养一个心理强大的男孩

子听。

当儿子遇到屈辱和困惑,满腹心事、闷闷不乐时,父亲总是乐观地对他说:"儿子,发生了什么事?不要紧,这没有什么。任何困难都将是暂时的。忘掉它,迎接美好的明天吧。相信明天会好起来的。"

"忘掉困难,迎接美好的明天",这句话一直是艾柯卡的家训。男孩子们也很相信他们的父亲,每当遇到不如意的事情,就会找父亲谈心。

一次,小艾柯卡在小学竞选班干部,因对手做了手脚,他落选了,而老师却没有主持公道。愤怒的他跑回家,把满肚子的委屈告诉了父亲,希望父亲到学校去找老师评理。但父亲没有这样做,而是对儿子说:"这个世界上不合理的事情是很多的。尽管我们都追求合理,但这是很难实现的。怎么办呢?把委屈放在心里,别计较它;特别是对那些不值得计较或无能为力的事,更应该这样。不要钻牛角尖,而要朝前看。"父亲的话使儿子的心结得以化解。

有一年,小艾柯卡病倒了,得的是风湿热病。这种病在当时是非常可怕的,曾夺去了很多人的生命。小艾柯卡非常害怕死去。在痛苦和绝望中,父亲以开朗的性格和乐观的态度鼓励他。父亲说:"每个人都会遇到挫折和不幸,也包括各种各样的疾病。男孩,当人遇到不幸时,首先不要让精神垮掉,而要想方设法同不幸作斗争,并在斗

争中获得知识和力量。"在父亲的关怀和母亲的照料下,小艾柯卡在经过6个月的煎熬之后,终于战胜了病魔,恢复了健康。

可以说,乐观的心态是男孩一生的财富!心理学家发现乐观性格是可以培养的,即使男孩天生不具备乐观品质,也可以通过后天的努力来实现。那么,家长如何培养男孩的乐观心态呢?

⇧ 鼓励男孩多交朋友

不善交际的男孩大多性格抑郁悲观,因为他们享受不到友情的温暖,所以更容易感受孤独和痛苦。如果男孩性格比较内向的话,那么家长要引导男孩多结交一些性格开朗、乐观的同龄朋友。

⇧ 让男孩爱好广泛

开朗乐观的男孩心中的快乐源自各个方面。一个男孩如果仅有一种爱好,他就很难保持长久快乐,试想:只爱看电视的男孩如果当晚没有合适的电视节目看,那么他必然会郁郁寡欢。有个男孩是个书迷,但如果他还能热衷体育活动,或饲养小动物,或参加演剧,那么他的生活将变得更为丰富多彩,由此他也必然更为快乐。

培养一个心理强大的男孩

↑ 引导男孩摆脱困境

即使天性乐观的人也不可能事事称心如意,但他们大多能很快从失意中重新奋起,并把一时的沮丧丢在脑后。父母要着意培养男孩应付困境乃至逆境的能力,要是一时还无法摆脱困境,那么可教育男孩学会忍耐和随遇而安,或在困境中寻找另外的精神寄托,如参加运动、游戏、聊天,等等。

↑ 拥有自信十分重要

一个自卑的男孩往往不可能开朗乐观——这就从反面证实拥有自信与快乐性格的形成息息相关。对一个智力或能力都有限,因而充满自卑的男孩,家长务必多多发现其长处,并审时度势地多作表扬和鼓励。来自家长和亲友的肯定有助于男孩克服自卑、树立自信。

↑ 家长要有乐观的思维方式

家长在生活中的乐观态度,对男孩具有重要的示范作用,男孩会

通过观察和模仿逐渐养成乐观品质。比如说,这会儿下雨了,就要引导男孩说"下雨了",而不要说"该死的天,又下雨了",因为这样说并不能改变下雨的事实。当然,就算说"太好了,又下雨了",也不能使下雨发生任何改变,可是如果把这种话说给男孩听,情况就大不一样!"瞧,太好了,又下雨了!小鸟在歌唱,小草也在歌唱,它们都得到了雨的滋润。"这样就会把快乐传递给男孩,让他无论面对何种环境,都保持一种愉悦的心情。

培养一个心理强大的男孩

主人公:林白,高中一年级学生,家庭和睦,全家每年都会在暑假一起去旅行。

妈妈:

这次我们全家的暑期旅行让我来当"头儿"行吗?

以前,我们每次旅行都是由您和爸爸来规划路线的,现在,我长大了,已经是个大人了,这次我想试一试来安排我们的假期!

我已经把旅行的时间、地点、费用等,列了一个详细的计划,发到您和爸爸的邮箱了,您抽空看一下!

林白

7月23日

换个方式爱孩子
——男孩写给父母的60封信

给您的建议

在一群孩子中,总有一部分孩子很有号召力。他们能组织集体活动,带领同伴游戏,小伙伴们也乐意同他们交谈、玩耍。这使他们有更多的机会展现自己的才能、得到锻炼。很多家长很是羡慕,希望自己的男孩身上也能具备这种能力,这种能力就是领导能力。

一群孩子在游玩时不小心迷了路,经过一个惊恐之夜后,一个女孩哭着说:"大人们不会找到我们了,我们都会死的。"而其中的一个男孩小东坚定地说:"我们不会死的,我听大人说:'顺着小河走,就会走到大河,然后就可以找到城镇。'请大家跟我走。"于是,这帮孩子就在小东的带领下,沿着小河边的灌木丛艰难跋涉,终于听到有人说话的声音。孩子们不由得欢声雀跃,大声呼喊。最后,这些孩子被大人们救了出来,回到了各自的家中。

男孩的领导才能指的是在一个相对稳定的群体中,由一个或几个孩子组织、率领小伙伴共同完成某项活动或任务的具体方式和个性心理特征。无疑,故事中的小东临危不惧,具有领导才能,他率领伙伴们走出了困境。一个有领导才能的男孩,很容易得到伙伴们的拥护和爱戴,男孩也容易在群体的拥护和爱戴中增长自信。也许家长会认为自己的男孩"天生"不适合当领导,其实,领导人不是"天生"

的,领导人是造就出来的。

明确培养男孩领导能力的重要性

家长只有明确了培养男孩领导能力的重要性,才能在生活中重视起来。概括地讲,从小培养男孩的领导才能对男孩的成长和发展十分有利:

第一,有助于增强男孩的自信和交往能力。与成人相比较,孩子间的领导关系更注重孩子间的一种有效的合作与交往,这种交往有利于增进男孩的群体交往能力。

第二,有助于丰富男孩的情感体验。男孩在带领伙伴共同完成某项活动或任务的过程中需要做很多工作:与大家一起讨论、确定目标、制定计划、商量活动如何进行、分配和协调人员、指挥和控制活动的进程,等等。在这一系列的活动中,他可以体验不同的角色,不但会对其职责有所了解,还会体验到不同的情绪情感。这些体验对男孩的成长是非常有利的。

第三,有助于锻炼、提升男孩的综合能力。领导才能是各种能力的综合。在做领导工作的过程中,男孩的综合、分析、创造、决策、应变、协调、任贤、语言表达、自学等能力得到相应的锻炼。

既然领导能力对男孩的发展作用如此重大,那么,家长该如何培养男孩的领导才能呢?

↑ 培养男孩的自信、毅力和承担责任的勇气

作为一个领导人,必须有自信心,坚信自己可以带领一班人完成任务,达到目的。此外,领导人带领他的一班人并不是每次都能完成任务,达到目的的,在群体犯了错误时,让男孩不要把责任推给别人,要敢于承担责任。因此,要培养男孩的领导能力,必须培养男孩的自信心、毅力和承担责任的勇气,这样才能具有作为一个领导人的基本素质。

↑ 培养男孩分析问题、制定计划的能力

领导者需要完成的是仅仅靠一个人完成不了的任务,因此,他要带领一班人去解决的是"大问题"。尽管这些"大问题"并不像大人们解决的问题那么大,但它总是有点"大"。既然是带领一班人去解决大问题,在里面就涉及到分工、时间安排,等等。因此,就需要男孩有能力分析大问题,并有能力为解决这个大问题,制定计划。

培养男孩的组织能力

在这方面,美国学校的做法颇值得效仿。

在美国,学校里有"组织能力"的选修课,以培养孩子的领导才能。课程内容包括去募捐、帮助竞选、保护自然等,旨在让孩子多接触社会,培养其对变化的判断能力,在多种可能性面前的选择能力,敢于迎接挑战的勇气,主动改造环境和不断超越自身局限性的意识与决策能力。老师一开学就把一个学期的教学计划发给学生,一个学期有5个项目,要求学生分组,每个组选取一个项目,制定计划,做调查,撰写论文。孩子对那些大人甚至政府官员都未必解决得好的社会问题有很高的热情,他们的调查都是自己安排的,十分缜密,搜索、获取、处理信息等方面训练有素。

美国人这种培养孩子能力的做法会让孩子受益终身。为了让自己的男孩更好地成长和适应社会,做父母的应汲取一些美国人有益的教子经验,多给男孩提供机会,让他亲自操办活动,比如,操办家庭节日晚会、外出旅游、宴请朋友等,让男孩在操办的过程中,锻炼他的组织能力。

⇧ 培养男孩理解别人、与人沟通的能力

由于领导者总是要与别人一起来做事的,因此,领导者要有能力理解别人,与人沟通,协调矛盾,解决分歧。这样,他才能赢得别人的尊敬,别人才会听他的。因此,家长要培养男孩的领导能力,必须培养男孩理解别人、团结别人、与别人沟通的能力。

培养一个心理强大的男孩

他们都说我是个自私的人……
——改变男孩的自私心态

主人公：李玉，15岁，初中生，学习成绩好，人际关系差。

爸爸：

我很苦恼……

现在班级里我被孤立了，同学们都不愿意和我一起玩，他们跟老师告状，说我太自私。老师找我谈话，也说我是个自私的人……

我承认，我有时候是有一点小气，同学请教我解题方法的时候，我不告诉他们，怕他们学会了，成绩就超过我；您在国外给我买的遥控汽车，他们想借去玩，我也没有借，怕他们玩坏了……

这样的我就是自私吗？同学们都不理我，我心里好难过……

李玉

4月8日

给您的建议

自私的男孩往往过于看重自己,把自己放在最中心的位置,以自己的情绪为情绪,自己的意志为意志,不愿为别人做牺牲,不关心他人痛痒。这种自私心态对于男孩来说是极为不利的,它会严重影响男孩的自我形象以致被人厌恶、瞧不起。

蔡风成绩非常好,班主任想让他做班长,把班级的整体成绩带上去,没想到却遭到他的拒绝。班主任不明白为什么,问道:"当班长有什么不好?"

"当班长有什么好呢?"蔡风轻声反问,"它太耽误时间,考试看的是成绩,不是看你是不是班长。"

蔡风的一番言论让班主任吃惊不小,看来同学们对他的反应是真的。蔡风是寄宿生,平时吃住都在学校,他的很多同学在和老师谈心的时候都说他太自私,从不肯帮助任别人。

"蔡风从来不参加课外活动,说是浪费时间!"

"我问蔡风这道题如何解,他明明知道,却不教我!"

"我不爱和蔡风搭伙儿吃饭,好吃的全被他扒拉走了!"

老师认为成绩固然重要,可是良好的品质同样对人生有着重要的意义。于是一个周末,他来到了蔡风家里家访。

培养一个心理强大的男孩

"老师,你怎么来了?快请快请!"蔡风的父亲打开门,有些惊愕。

蔡风一家人正在吃饭,一桌做了6个人,爷爷、奶奶、外公和蔡风一家三口。

"你们先吃,吃完了我们再谈!"老师见来的不是时候,退到了客厅,让他们先吃饭。

喝着茶,老师听见:

"风,你爱吃排骨,都给你!"

"奶奶,把你的坐垫给我坐坐,冷得很!"

"风,你爸爸不同意给你买的智能手机,这次你考得好,妈送给你!"

从这几句言词中,老师有些明白蔡风为什么养成了自私的心态了,他决定一会儿好好和蔡风的家长谈谈。

故事中的蔡风和信中的李玉都是有点自私的男孩,他们凡事都希望满足自己的欲望,却往往置别人的需求于不顾,家长如何帮助这样的男孩呢?

男孩养成"自私"性格的原因

男孩产生"自私"这种心理现象的原因主要有以下几个:

第一,男孩天生的利己倾向。男孩的心理发展未达到成熟阶段的标准,他们往往认为"我即世界",这种"自我中心"的意识很容易导致男孩固执己见,不能接受公正、正确的意见。自私的男孩衡量外界的标准便是是否有利于他,相应的行为也如此。

第二,家庭过分宠爱。很多父母在教育男孩时,会提醒男孩"自己"要如何如何,而没有引导男孩从"自己"与他人的关系这个角度去思考问题。比如:"别管别人谈不谈恋爱,你管好自己别谈就行了!"这样一来就会把"自私"的种子播种在男孩的心里,形成不良的心理品质。另外,长期过分溺爱、娇纵,特别是祖辈和父母众星捧月的态度,男孩说一不二的核心位置,也会助长了男孩的独占欲,强化他们的自我中心意识。

↑ 给予男孩及时的提醒和讨论

当男孩表现出自私行为时,立即对他进行强烈责备反而不好,应给予男孩提醒并与其讨论。讨论是在轻松愉快的气氛中进行,讨论内容是使男孩了解自私的后果——自私的男孩不受欢迎。男孩为了不落到没有朋友玩,没有好声誉的结果,会主动去改正这种行为。

培养一个心理强大的男孩

♂ 鼓励男孩积极参加集体活动

对还是学生的男孩来说,集体就是小组、班级、学校及假期里的活动小组。男孩学习和生活在这些集体组织里,就应该同这些组织的其他成员团结互助,共同完成集体活动的任务,并在这个过程中形成初步的集体主义意识。但自私的男孩在集体中与集体格格不入,做事情斤斤计较,有些家长也错误地认为参加集体活动没意思,这是不对的。家长应当和学校教师保持经常的联系,了解男孩在集体中的表现,支持男孩为集体做好事,倾听男孩参加集体活动后的感受,教育男孩在集体活动中团结友爱、勇挑重担、遵守纪律,并帮助男孩克服狭隘自私、重名重利、害怕吃亏等错误思想。

♂ 让男孩深刻认识自私的危害

男孩认识问题容易片面、肤浅,仅仅从直觉判断正误,随性而为。家长要引导男孩从深处认识问题,比如,家里的好东西男孩多吃多占,从表面看他沾了光,但从深层看,好东西吃得多,别的东西吃得少,就会出现营养成分失衡,以至于造成肥胖、贫血等症。再比如担任班干部,从表面看花费了自己的精力,有时还会受气,但从深层看,可以利用这种机会向各位同学学习,锻炼自己的组织管理能力。家长应及早向男孩敲响警钟,使男孩在认识上和情感上同自私告别。

↑ 父母要言传身教

父母的言行是男孩最基本和最深刻的榜样。父母在平时表现出的对他人不幸的同情、困难的帮助,对社会一种热心、关心的态度,会感染男孩,使他也关心别人。要知道,自私的父母只能造就自私的男孩,别指望他替别人(包括父母)着想。

↑ 不要溺爱男孩

父母不能溺爱男孩,这样就会使男孩心中只有自己,只想得到别人照顾,根本想不到关心别人。家长要懂得正确地满足男孩的要求,合理的答应,不合理的不要迁就。同时,全家人还要组成"统一战线",不要让男孩产生"父母不答应,爷爷奶奶会答应"的侥幸心理。只有全家人协同一致,才能改善男孩的自私自利的心态。

培养一个心理强大的男孩

主人公：戈峰，高中一年级学生，成绩好，认为自己是"最优秀"的。

妈妈：

今天我很郁闷！

马上就校庆了，学校准备举行一场文艺晚会，要挑选主持人。班主任让我去参选，我看了看其他几个一起来参选的男同学，都没有我优秀。他们有的普通话讲得没我好，有的没我成绩好，有的没我高……可是偏偏最后的结果不是我！

我不服气，把那几个男同学的缺点对老师说了一通，又把我自己的优势讲了讲。我以为老师会改变主意，没想到他摇头说我太自负了！

我这是自信，不是自负！妈妈，你说对吗？

今天真是超郁闷，碰到这么个讲不通的老师！

戈峰
9月29日

[给您的建议]

男孩从3岁开始,自我意识开始慢慢产生和发展。随着他们认识的东西和会做的事情慢慢增多,就会更好强,对自己也更为自信。如果这样的情绪过度表现的话,就变成了自负。

佟宇是个聪明活泼的男孩儿,他的爸爸是一家大公司的经理,妈妈在一家医院当医生。佟宇从小就生活在这样一个条件优越的环境里。在家里,他是爸爸妈妈的"宝",要什么有什么;在学校里,他成绩优秀,是老师心目中的"尖子生";在同学当中,由于他长得英俊帅气,大家还给他起了个响亮的名字——"白马王子"。

良好的家庭环境,父母的疼爱,老师和同学的赞誉,再加上自己的天赋,使佟宇产生了一种飘飘然的感觉,而且这种感觉一天比一天强烈。"我就是比别人优秀",佟宇总是这样想。

佟宇的爸爸妈妈也经常在别人面前夸奖自己的儿子,为有这样一个聪明活泼的儿子而自豪。所有这些都助长了佟宇的自满和自傲的情绪。渐渐地,佟宇变了。在家里他只要稍稍不顺心就对爸爸妈妈发脾气;在学校里,佟宇更爱表现和炫耀自己,取得好成绩就自鸣得意、沾沾自喜,甚至不把老师的话放在心上;在生活中,他总是拿自己的长处同别人的短处相比,认为自己高人一等,瞧不起人……

培养一个心理强大的男孩

父母看着越来越自负的儿子,不知道如何是好。

毋庸置疑,自负会对男孩的发展产生消极影响,家长应该如何帮助自负的男孩呢?

找到男孩形成自负心理的原因

自负是以超越真实自我为基础的一种自傲的态度和情绪体验,是一种不良个性的具体体现,其形成原因是多方面的。

第一,父母、老师的评价不恰当。家庭是男孩成长的摇篮,家长的态度和评价无疑是他们人生中第一面,也是重要的一面镜子。如果家长溺爱男孩,对男孩总是表扬、夸赞其优点,对其缺点视而不见、避而不谈,那么这面镜子就会失真。这些片面的评价会给男孩一种错觉,以为自己就像父母所说的那样了不起,似乎没有任何缺点,而这些男孩在学校一旦被老师贴上"好学生"的标签,会进一步强化其自负的心理。

第二,自我认识的偏差。自负主要是男孩对自己作了过高估计,这是自我认识发生偏差的表现及结果。男孩初期最有价值的心理成果就是发现自己的内部世界。内部世界的丰富令他们惊讶,内部世界的复杂又令他们困惑。这种自我反思、自我观察受到自身认识水

平的极大影响。由于其反省思维水平不高,加之成人感、独立意向的发展,在逆反心理的驱使下,他们可能会反感甚至拒绝老师、家长的"帮助",从而导致对自我的认识出现程度不等的偏差。其中两种极端化的情况是:有的男孩只看到自己的优点,看不到自己的缺点,或者夸大自己的长处,缩小自己的短处,过高估计自己的能力,相对于同伴有较强的优越感,从而产生自负心理。另一种极端化的情况则是过低估计自己,从而产生自卑心理。

第三,生活中缺少挫折和磨难。人的发展会受到生活经历的极大影响。生活中遭受过许多挫折和打击的人,很少有自负的心理;而生活中如果一帆风顺,则很容易养成自负的性格。如果男孩家庭条件优越,在学校也表现得很好,总能获得肯定,目标总能实现,这样的顺境会使他们产生无我不能、无所畏惧的错觉,因而盲目自信和自高自大。

第四,情感上的偏颇。有些男孩自尊心特别强烈,为了保护自尊心,在交往挫折面前,常常会产生两种既相反又相通的自我保护心理。一种是自卑心理,通过自我隔绝,避免自尊心进一步受损;另一种就是自负心理,通过自我放大,获得自卑不足的补偿。例如,一些家庭经济条件不是很好的学生,怕被经济条件优越的同学看不起,装清高,在表面上摆出看不起这些同学的样子。这种自负心理是自尊

心过分敏感的表现。

帮助男孩克服自负心理

男孩抱有自负心理对其成长是极其有害的,家长应帮助男孩正确地认识自己,克服自负心理。

第一,正确评价男孩。男孩的自我认识受到成人评价的极大影响,这就要求父母在进行评价时要客观、全面,不能只看到其优点,也要指出其缺点,万万不可忽视、缩小缺点,甚至帮助其掩盖缺点。对优点要表扬,但要适度。要让男孩意识到作为家庭、学校、社会的一员,理应有合格的表现。家长要提醒自负的男孩在归纳成功的原因时要注意实事求是,要认识到老师、家长、同学的帮助以及一些客观条件的促进作用,切不可把成功完全归功于自己而沾沾自喜。

第二,让男孩正确评价自己。男孩出现骄傲自大的坏习惯往往是过高地估计了自己,认为自己比谁都强,只看到自己的长处,看不到自己的短处,拿自己的长处比他人的短处。因此,狂妄自大,不会设身处地地替别人着想。作为父母应耐心地教导男孩,让男孩学会正确地评价自己,既认识到自己的优点,又看到自己的不足。

第三,指导男孩学会欣赏他人。学会欣赏他人才不会自视过高。

对于男孩来说,学会欣赏他人并非易事,但只要在日常生活中稍加注意,从点滴做起,慢慢就会做到,从而克服自负心理。比如学会宽容,学会倾听、尊重与理解他人,学会关心爱护他人等均有助于男孩克服自负心理。家长可以让男孩为同班的每一位同学写出3条优点,并对同学当面给予赞扬。当男孩跳出狭隘的自我圈子,自负心理也就会悄然隐遁。

第四,以适当的方式进行"挫折教育"。家长可对自负的男孩提出更高要求,安排难度更大的任务,让其遭受挫折,品味失败,清楚地看到自己能力的不足,体验需要别人指导和帮助的感觉。

第五,奖励以精神鼓励为主,物质奖励为辅。其实,一般情况下,男孩只要能得到口头表扬,心理上就会得到满足。过多的物质奖励,有时会让男孩沾沾自喜、高傲自大、忘乎所以,甚至产生不思进取的心态。家长要防止男孩被夸奖声和赞许的目光所包围,不要让男孩因获得过多的物质奖励而产生畸形的满足感,懒于进取和努力,从而削弱了进取意识。

第六,以身作则,为男孩树立榜样。榜样的力量是无穷的,父母是男孩的第一任教师,是男孩效仿的最直接的榜样,父母对男孩的示范作用是巨大的。父母应该成为男孩高尚人格的榜样,要谦虚友善,不要在男孩面前表现出骄傲情绪,以免男孩受到不良影响。

第四章
男孩成长中的学业"危机"

现在的男孩正在遭遇着前所未有的学业"危机":小学阶段,绝对是女孩的天下,她们聪明乖巧,处事伶俐,深受老师喜爱;中学阶段,也许你认为这时候男孩的优势开始显现,而针对高考的调查表明,从1999到2008年,高考状元中男生的比例直线下降,女生的比例则增速惊人。男孩的学业危机急需引起家长的重视,他们在学习中的表现、困惑、担忧,通过下面的信件家长可以窥知一二。家长只有在了解男孩的学习心态之后,才能有效地引导男孩改变学习方法,提高男孩的学习成绩。

你累？ 我每天学习更累！
——别让男孩把学习当成负担

主人公：汪小涵，初中三年级学生，所在的学校是重点中学，学习压力很大。

妈妈：

您以后别再说什么你们工作累死了，我上学多轻松了，你们根本不知道，我每天上学有多累！

每天早晨我都是最早起来的，因为要在6点多赶到学校上早自习，那时候您和爸爸还在被窝里呢！晚上放学以后，你们能够在房里看电视，我只能写作业。以前还好，现在初三了，作业多得不得了，不到10点根本不可能写完。

你们那个时代跟现在不一样，上学可能真的很轻松，可是现在我们学校三天一小考，五天一大考，每次考完后老师还要排名次，出现成绩下滑明显的话，家长还要被叫去谈话……我现在每天都为了学

男孩成长中的学业"危机"

习根本没有玩乐的时间,真是又苦又累,压力很大……

之所以给你们写信,是因为和你们谈及这个话题的时候,你们总是不听我的想法,执意认为我是受不了苦吐苦水。希望你们看完我的信以后能给我一点点谅解。

              汪小涵
              3月25日

[给您的建议]

在男孩的学习生活中,怎样才能避免男孩"学习苦""学习累"的感觉,让男孩学得轻松愉快呢?

♂ 男孩感到"苦""累"的原因

男孩感到学习苦和累是一种心理适应障碍,来源于环境的变化、心理的不适应,影响学习和成长。它主要有以下几个方面的原因:

第一,随着男孩逐渐长大,学习科目逐渐增多,压力也逐渐变大,再加上从小学到中学,或者从初中到高中,还有一个学习环境和学习心理的适应过程。例如,对学习时间长、内容多、作业多等的适应。因此,有的男孩感到学习紧张,又苦又累。

第二,长期以来,由于传统的应试教育的影响,学校、家庭和社会都追求升学率。男孩要承担多方面的压力,学习负担和心理压力加重,因此也会感觉学习的苦和累。

第三,进入更高一级的学校以后,有的男孩学习方法不当,不会安排时间,缺乏学习指导,而引起苦和累的感觉。例如,有的男孩在学习过程中,缺乏积极主动的学习态度。虽然他们也下工夫复习、背

诵等,但由于在课前不会自学,课堂上不爱发言,遇到一些难题又不好意思问,所以在学习过程中必然会紧张、乏味,并且感觉到又苦又累。

帮助男孩调整学习心态

家长要帮助男孩调整好学习心态,不要把学习当作负担。如果把学习看得太"死板""僵化",就会成为男孩心中的负担。要让男孩明白,完成学习任务,一方面是为自己将来更好地生存打基础,不辜负父母的殷切期望;另一方面,要从乐观、积极的方面来看待学习,家长可以让男孩把学习看成是一些具有不同文字符号的"游戏",比如理科运算过程中的解题、证明就好像摆积木一样,头脑中掌握的图样(公式、定理)越熟练,摆出的积木形状就越新颖、多样。

在生活中,没有什么事是一帆风顺的,前进的路上,困难、挫折是常有的,学习中的苦和累,都是很平常的事,人人都可能遇到,关键是看男孩怎样对待。这里面有一个辩证的思维方法,即生活中的苦与乐、轻松与劳累都是相对而言的。如果能有一个换位思考,把完成作业和亲手解决一些难题作为学习的乐趣,把正确地回答老师的提问,争取优异的学习成绩当作无上光荣的话,那么男孩的"苦"和"累"的观念也就变了。

⇧ 摆正男孩的学习动机与生活追求

在生活中,人们对苦和累的感受也是不一样的。作为父母来说,面对社会上激烈的竞争要起早贪黑、辛辛苦苦地工作。面对生活中的苦和累,父母为什么无怨无悔呢?因为心中有一个坚定的信念,那就是为了生活,为了男孩们的成长,再苦再累心里也是甜的。生活中的苦和累只是一种现象,关键是要有一种追求,有一个坚定的信念。在学习生活中,如果能有一个远大的理想,坚定的信念,为了实现这个理想和信念,就会不觉得苦和累了。对于一个贪图享乐、没有明确学习目的、没有学习热情的人,生活中无所追求,他在学习过程中必然会感觉到又苦又累,一点意思也没有。相反,对于一个有明确学习目的,在生活中追求完善、高尚,并且有高度责任感、荣誉感的人,他一定会起早贪黑、废寝忘食地学习。那么,对学习过程中又苦又累的感觉,自然而然地就不存在了。

⇧ 教给男孩一些学习方法

在学习过程中要学得轻松、愉快,就要掌握一些学习方法:第一,

 第四章
男孩成长中的学业"危机"

在上课之前加强预习,发现难点和疑点,带着问题去听课,这样可以学得主动、灵活;第二,在课堂上要大胆、积极主动地争取回答老师的提问,这样可以锻炼胆量和表达能力;第三,在课后要认真复习,巩固提高,这样可以温故知新,加强知识的记忆;第四,发扬"勤学好问,不怕头脑笨"的学风,这样可以节省时间,提高学习效率;第五,有知难而进的顽强学习意志,这样才能取得优异的学习成绩。

↑ 减轻男孩的学习压力

中国父母是世界上为孩子付出最多的父母,但同样也是得到孩子抱怨最多的父母。父母望子成龙的压力让男孩觉得学习很累,一旦过度,男孩就会做出负面行为,所以家长一定要注意言行,调整自己的期望值,让男孩保持一种轻松愉快的心情,这样学起来才有劲,效率才高,慢慢地就不会觉得累了。

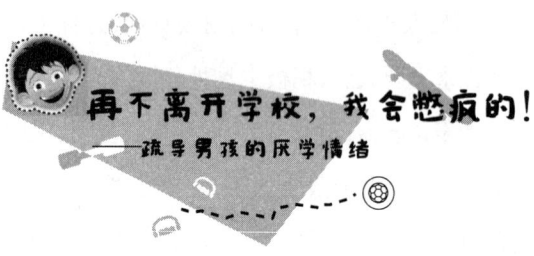

再不离开学校,我会憋疯的!
—— 疏导男孩的厌学情绪

主人公:葛辉,初中生,学习成绩差,厌学情绪重,多次离家出走。

爸爸:

你们现在一定在到处找我吧?你们放心,我只是想自己独自静一静。

爸爸,我可以退学吗?再不离开学校,我会憋疯的!我怎么努力都考不好,总让您失望,我实在不想上学了!

今天,数学和物理考试的成绩下来了,虽然老师还没有发考卷,但是物理老师说有多半人不及格,我知道一定有我的份儿。数学我也考得不好,总拖班级后腿,老师瞧不起我,这次没考好的话,说不定怎么整我呢!

我上回向你们保证过期中考试考好的,这回又完了……

在学校里,我一分钟也呆不下去了;在家里,我也不知道怎么面对你们……请原谅我的懦弱和逃避,不要担心我,过两天我就回家。

葛辉
5月14日

男孩成长中的学业"危机"

给您的建议

由于男孩生理和心理发育不成熟,学校和家长又给予过大的压力,所以很多男孩出现了最普遍、最具有危险性的问题——厌学。从心理学角度讲,厌学症是指男孩对学校的学习生活失去兴趣,产生厌倦情绪,持冷漠、逃避和对抗的心态及行为表现。家长应该如何疏导男孩的厌学情绪呢?

♂ 了解厌学的相关知识

要想帮助孩子处理好厌学情绪,家长就必须多了解一些有关厌学的知识。

第一,厌学有轻重之分。厌学主要发生于学习成绩不理想的孩子身上,他们得不到老师的重视和家长的肯定,对学习缺乏自信和动力,更体会不到学习的快乐。与之相对应,学习常常与责骂、批评等负面的体验联系在一起。

厌学有轻重之分:偶然地对某项作业、对某门学科或者对某位老师、某个学校产生不满,这是较轻微的厌学;经常性地对某项作业、某门学科或者对某位老师、某个学校产生厌烦,有时伴有一些如头痛之

类的不舒服的生理反应,这是中度的厌学;习惯性地对某项作业、某门学科或者对某位老师、某个学校产生厌恶,经常伴有头痛、焦虑等不良的生理反应,这是较严重的厌学。只有中度的和较严重程度的厌学,心理学中才认为是心理问题。

第二,厌学的表现。厌学的男孩大多有下列一种或一种以上的表现:

其一,逃避上学。逃避上学的情况很多,背起书包走出家门却没有进校门,中途"溜号"玩去了;赖在床上不肯起来,问他什么原因,他说肚子疼、头疼,其实他并没有病;走到学校门口突然发生呕吐等毛病,他真的病了,可他的病表面上是身体不适,实质上是心理毛病。

其二,学习马虎。学习马虎的男孩心中厌恶学习但又不得不学习,于是只好勉强应付,得过且过。其作业偷工减料,只求完成任务,不问质量高低;课堂上"身在曹营心在汉",经常走神;课后很少自觉进行预习、复习。

其三,极易疲劳。有些男孩看起来学习还比较努力,谈起来他也知道学习的重要性,可在心底却对学习存在反感。这种深层的厌学情绪抑制生理功能的发挥,因而经常产生学习疲劳:一坐到书桌前,便打瞌睡;一拿起书本、作业本,就生倦意;一离开学习,他的生机活力顿时恢复。

其四,制造事端。有些男孩上课恶作剧,下课找麻烦,老师、家长以为是其行为不好、性格不良,其实,他们是在以制造事端为形式来表达自己对学习的不满,对老师的不满,对学校的不满。对待这类学生,处罚他们的不当行为只能取得短期效果,只有改善他们对学习的态度,才能从根本上改变他们的不当行为。

第三,厌学的原因。厌学除了男孩自身主观上的原因之外,还有下列一些外部因素,有时也能造成他们产生厌学情绪。

其一,学校教育的因素。学校里没有良好的学习风气;学业负担过重;考试屡屡受挫;教师单调枯燥的教学方法;教师不当的教育措施和管理手段;不和谐的师生关系等,均可能导致男孩厌学。其中,学业负担过重以及不和谐的师生关系是造成男孩厌学的比较突出的因素。

其二,家庭教育的因素。家庭环境的不良影响;家庭结构的破损、解体;家庭教育方式的不当;家庭对男孩过高的期望与男孩实际能力之间的过大差距等,也可能导致男孩厌学。其中,教育方式的不当和不切实际的期望往往更容易使男孩滋生厌学情绪。

其三,自身思维的因素。从学习的过程来分析,厌学的一个突出原因是心智活动差。心智活动差的主要表现就是不善于思考,不善于通过积极的思维活动来理解和吸收新知识。因此,厌学者在课堂

学习、课外阅读、课外作业等学习活动中完全处于消极被动状态,特别是对数学、物理和外语等科目更容易产生畏难情绪,注意力分散,听课不专心,作业不用心,知识脱节严重,知识结构缺乏系统性和完整性,学习成绩较差,且呈下滑趋势。

疏导厌学情绪的有效方法

父母应该如何疏导男孩的厌学情绪呢?

第一,转变传统的教育观念和方法。很多父母过分重视男孩的学习成绩,过分强调男孩的分数和名次,常常拿男孩与别人横向比较,这样无形中挫伤了男孩的自尊和学习信心,使其产生自卑感,甚至自暴自弃。要想男孩改变,父母得先改变。父母只有改变对男孩的评价和鼓励的方式,才能恢复男孩对学习的兴趣和信心。

具体来说,父母要改变过去一味批评的教育方法,尽可能发现男孩的微小进步,只要男孩有一点努力和进步就应该及时给予鼓励,这样才能带给男孩改变的信心和动力。这么做的目的是让男孩知道,父母对他有信心,有耐心,只要他付出努力,一定会得到父母的认同。

男孩有了信心和自尊感,就会有动力改变自己的学习态度和与父母、老师的关系,使学习进入良性循环。这不仅有助于男孩改变学习不良的状况,而且有助于培养男孩健全的个性品质。

同时,家长还要注意观察男孩的老师的教育观念和方法是不是有问题,因为只有家长的改变是不够的,如果老师实施"分数高压政策"等不佳的教育措施,男孩在学校同样会有压力而厌学。因此家长要多找机会和老师沟通,双管齐下,让男孩慢慢改变厌学情绪。

第二,教男孩掌握科学的学习方法。科学的学习方法和思维方式可以使学习达到事半功倍的效果。如果男孩是因为没有掌握有效的学习方法、思维方式而厌学,家长要联合老师,教给男孩一些行之有效的技巧。另外,对于某些在听、说、读、写等基本的学习技能上有障碍的男孩,家长应该对他们进行专业的辅导和训练,改善其学习方法和技巧。

第三,积极进行心理疏导和治疗。对于患厌学症的男孩,如果有条件寻求心理咨询和治疗专业人员的帮助,可以更及时、有效地进行针对性的干预。

一个初一男孩因为所有科目成绩都在30分以下,心理医生通过交谈了解到,其问题的形成有着明显的家庭因素,老师的不当处罚和歧视也是重要的诱因。因此,心理医生提出家长要转变对男孩学习困难问题的认识和态度,增进沟通和理解;在此基础上进行催眠治疗和阳性强化,并且建议为男孩转换新的学习环境。后来,在转到新学

校后不久,这个男孩的学习状况就有了很大的改观,几个月之后,他期末考试好几门课取得了 80 分以上的成绩。

通过心理医生的积极疏导,可使男孩重塑自我意象,培养新的学习兴趣。

男孩成长中的学业"危机"

李老师就是对我有意见!
——男孩与老师关系不好怎么办

主人公：刘浩，初中二年级学生，性格倔强，为人仗义。

爸爸：

给老师的检查我是不会写的，那个李老师就是针对我，对我有意见！

我把今天的事原原本本跟您说：

今天上数学课，李老师在前面演示，不知道谁在后面出了个"洋相"，逗得大家哈哈大笑。李老师抬头一看，正好看见我笑得前仰后合，她不由分说地把我叫了起来。我说不是我做的，可是李老师不信，我没控制住情绪，当场就和李老师吵了起来。李老师一气之下不上课了，转身走了。

班主任老师转告我，李老师让我写检查，然后还要对着全班读，

换个方式爱孩子
——男孩写给父母的60封信

否则就找家长。虽然我心里也打鼓,怕老师找家长,给您添麻烦,可是这件事我就是没有错,这种黑锅我不背!

事情大致的经过就是这样了。

爸爸,您一定要相信我,也别逼我写检查,我不会低头的。

刘浩

9月23日

第四章 男孩成长中的学业"危机"

给您的建议

当男孩与老师关系比较僵的时候,家长要做的是了解男孩与老师关系不良的原因,然后有针对性地引导男孩。

♂ 男孩与老师关系不良的原因

容易引起师生关系不良的情况有以下几种:

第一,老师的批评让男孩"下不来台"。当男孩闯了祸,犯了错误,老师在同学面前狠狠地批评了男孩。在这种情况下,作为男孩来说可能有以下几种情况:一是认识到自己错了,感到内疚,低头不语,等待老师最后的"发落";二是有的学生思维片面,固执己见,对老师的批评不服气,认为老师不应该这样不讲情面,纯粹是故意找茬儿,看自己不顺眼,口服心不服,甚至与老师争吵起来;三是因为老师调查了解不全面,只看到一些表面现象,可能事情的发生不怨男孩,男孩心里特委屈。后面两种情况对男孩与老师之间的关系有很大的负面影响。

第二,男孩认为老师"瞧不起"自己。有一类男孩认为自己学习成绩不好,能力一般,家境也不富裕,班级里很多活动、比赛都"轮不到"他,逐渐地在心里形成老师瞧不上自己的看法,造成了师生关系不良。凡是有这种情况的男孩,主要是自卑心理在作怪,这一类男孩大多数是属于内向型心理,于是与老师之间渐渐产生了心理隔阂。如果这种心理隔阂长期存在,男孩与老师之间的情感交流就会发生障碍,每当看见这个老师来上课的时候,男孩心里就会不愉快。严重的时候,会出现老师说的话不愿意听,老师教的课不愿意上。这种心理是有很大危害性的。

第三,男孩怕老师的记恨、报复。有的男孩因为和某老师顶撞过,再与那位老师产生矛盾的时候,总会担心是不是老师在记恨、报复自己。这是一种焦虑心情,因为男孩做事莽撞,不冷静,所以往往会"后怕"。这样的男孩应该正确认识自我,调控自我。

正确、理性地引导男孩

面对与老师关系不良的男孩,家长要学会正确、理性地引导他们。

第一,阐明老师的"恨铁不成钢"的心态。如果老师的批评让男孩"下不来台",心理上难以接受,那么家长一定要向男孩强调老师的"恨铁不成钢"的心态,打消男孩心中的芥蒂。

 第四章

男孩成长中的学业"危机"

在一个山村中学里,有一个学生不爱学习,而且喜欢胡打乱闹,常常因为他影响班级上不好课。有一天,一位姓王的老师实在忍无可忍,把他叫到前面,当着同学的面对他进行了羞辱、讽刺之后,用手指点着他的额头说:"你呀,这一辈子都不会有出息的。你要是能出息,考上高中、大学,我就头朝下走出这个村子!"

老师说过之后没有在意。不久,这个老师被调到别的学校任教,一晃儿几年过去了。一个酷热难耐即将期末考试的星期天,王老师正给一群聚在一起的住校学生辅导功课,忽然听见校门外敲锣打鼓,鞭炮齐鸣,人声喧闹,并且渐渐拥进了校园里。老师怕影响一些在校学生的自学和休息,走出教室正想制止,忽听一个青年大声喊道:"王老师,您好,谢谢您了!"王老师也认出来了,是几年前曾经被他批评得无地自容的那名学生。那学生快步前去紧紧握住了王老师的手,从衣袋里拿出大学录取通知书,非常激动地说:"王老师,您太伟大了!当年要不是您那样狠狠地批评,我怎么能下狠心发奋读书,考上大学呢!"

这个故事说明了老师批评学生一定不是出自诅咒和仇视的心态,即使老师的言语有些过激,也是出于"恨铁不成钢"的原因。老师的职责是教育学生,帮助学生提高成绩和掌握知识技能。学生在老师眼里好比是一棵棵正在成长的小树,哪棵小树长了"歪枝斜杈",老

师都会毫不客气地把它砍掉,让这些小树长得茁壮,成才。老师希望自己的学生都好,哪有希望学生坏的呢?老师的批评是为了男孩将来能有出息,老师说对的就应该改正,没说对的就当作借鉴。所以家长一定要让男孩明白,即使老师让自己"下不来台",也要尽量理解老师的心情,不要过于计较老师的态度如何。

第二,打消男孩的自卑心理,使其正视自己。男孩如果认为老师"瞧不起"自己,一定要让男孩打消自卑感,学会正视自己。家长要帮助男孩主动检查他们在学习、生活等各方面存在的缺点和错误,并且勤与老师沟通,针对老师对男孩提出的建议和意见,帮助男孩努力学习,改正缺点,提高男孩学习成绩。如果男孩能够在学习上奋起直追,在其他能力上有所突破,那么短时间内取得的这些优异成绩,会使男孩在老师、同学面前"出出风头",重拾自信。

第三,鼓励男孩主动向老师承认错误。男孩认为老师"记恨""报复"自己,主要是因为和老师缺乏沟通。有时候男孩记在心里的事情,老师早就忘记了。所以家长要鼓励男孩与老师主动沟通,拿出诚恳的态度,真挚地和老师谈一谈,男孩就会发现,很多时候是自己多想了,老师还是一如既往的对待自己,并没有任何改变。

男孩成长中的学业"危机"

难道差生就一辈子都翻不了身了吗?
——正确引导家中的"差生"

主人公:周晓明,初中一年级学生,学习成绩不佳,班级里的"差生"。

妈妈:

您今天骂我:"沦为班级里的差生,怎么不知道上进呢?"

其实我也不想当差生,我也曾努力过、刻苦过,但最后却被一盆盆冷水浇得心灰意冷。

就拿一次英语考试来说吧,我学英语觉得比上青天还难,每次考试都不及格。一次老师骂我是蠢猪,我一生气下决心下次一定要考好。于是我起早摸黑,加倍努力,利用了很多休息时间。好在功夫不负苦心人,期末前的一次考试时,我真的拿了个英语第一名,当时我心里高兴劲儿就别提了,心想这次老师一定会表扬我了吧!可是出乎意料,老师一进教室就当着全班同学的面问我:"你这次考得这么

好,不是抄来的吧?"听了这话,我一下子从头凉到脚,心里感到一阵刺痛,那种心情真是比死还难受一百倍。非但如此,我们班的不少同学也不停地嘲笑我:"你这差生,真的能考得出这样好的成绩?"

我多想争辩:"难道学习差就是差生吗?学习差就道德、品质、素质都差了吗?难道我们差生就一辈子都翻不了身了吗?"

我是差生行列中的一员,经受着同其他差生一样的遭遇。我们班级排座位是以成绩高低来安排的。成绩好的同学可以自己要求,成绩不好的由老师安排。我是差生,自然与那些好座位无缘了。

在我们班的班主任及任课老师心中,成绩差的学生看病请假是混病假,干活是假积极,周末出去玩是浪费时间。而成绩好的就不一样了,请病假是学习累的,干活是觉悟高,周末出去玩则是劳逸结合。

我是个差生,我再也不想努力学习了……

周晓明

9月29日

男孩成长中的学业"危机"

给您的建议

男孩学习成绩差,很容易受到不公正的待遇,即使做出了努力,取得了成绩,也会招致怀疑,结果引起男孩自暴自弃的心理和行为。一般来说,男孩的自尊心都非常强,当自己努力后仍然被人"另眼相看",就更容易产生明显的自卑感、失落感。家长的埋怨,老师的指责,同学的歧视,会让男孩认为自己的前途一片黑暗,于是缺乏前进的动力,缺乏前进的目标,而采取自暴自弃的行为,不思进取,并且形成一种心理定势——"再努力也没用"。男孩长期生活在一种颓丧、抑郁的氛围中,会丧失对学习的信心。家长要让男孩免受差生的不公正待遇,让男孩的成绩来个飞跃是最好的方法。

♂ 让男孩知道他和成绩好的同学拥有同样聪明的头脑

美国心理学家布鲁姆和他的助手们经过对许多少年儿童的实验观察、追踪研究,得出以下结论:"除了百分之一二超常儿童和百分之二三的低常儿童外,95%以上的学生在学习能力方面,并无多大差别。"他们肯定地说:"只要有适合学生个性特点的学习条件,世界上任何一个人能学会的东西,几乎所有人都能学会。"所以,男孩虽然是

"差生",但他们头脑事实上并不"差"。家长要对男孩强调,他和成绩好的同学拥有同样聪明的头脑。

⇧ 和男孩一起制定科学的学习计划

学习计划可以帮助男孩明确学习目标,包括争取在多长时间内达到一个什么水平,或者赶上班级的某某同学的学习成绩等。家长可以帮助男孩制定一个适合他学习水平和性格特点的学习计划。需要强调的是,在学习计划中一定要有一个适合男孩的学习时间表,如晚饭后学习多长时间,早上几点起床。家长特别要利用好周六、周日的时间,让男孩养成争分夺秒的精神,把失掉的时间"抢"回来。

⇧ 培养男孩顽强的学习意志

自古道,"聪明在于学习,天才在于勤奋"。一个人只要持之以恒,有顽强的学习意志,就一定能取得优异的学习成绩。在一般的学习"差生"中,多数都是思想意志薄弱,克服不了困难,自我控制能力差,有时学一会儿就厌烦了,这都是学习意志不坚定的表现。家长要动之以情,晓之以理,让男孩明白,任何成功和进步都不是唾手可得的,都需要付出不懈的努力,越是遇到"拦路虎",越是要狠抠到底,一两次不行,反复五六次……直到战胜学习困难为止。

排除影响男孩进步的客观因素

男孩成绩的好坏,除了主观的因素以外,客观的原因也不容忽视。首先,无论家境如何,家长要让男孩保持一个平和、积极的心态,不要因为"家里有钱",丧失学习压力和竞争的劲头,也不要因为"家里很穷"而自卑、自弃;其次,家长要多留意男孩是否存在影响学习的不良爱好,尤其是网络游戏,不要让这些不良爱好影响男孩的学习;第三,营造和谐的家庭氛围,让男孩感受到家长的爱,培养男孩良好的世界观、人生观。另外,如果男孩正值青春期,那么家长也要多多关注他们的情感世界,不要让青春期发育对男孩的学习造成负面影响。

和男孩一起面对责难

部分老师、学生对学习成绩不好的同学常以冷眼相待,甚至讥笑他们。如果男孩面临这种责难,家长一定要向男孩表明,自己是相信

他能够成为一名优秀学生的。要让男孩知道,个别老师、同学不论是有意还是无意地嘲笑自己,说明他们在做人上有些不妥,是不对的,但是,最重要的是他自己怎么看待这个问题。家长要多鼓励男孩,和男孩一起面对责难,不要让他们产生自卑感,使刚刚昂扬起来的学习情绪受到打击。

男孩成长中的学业"危机"

——别让贪玩毁了男孩的学业

主人公：江海，高中一年级学生，贪玩，自控力差。

妈妈：

我知道自己正处在学习的关键时期，不应该老想着玩，可是我总也控制不住我自己。

昨天，我正在温习英语，可没看10分钟书，我又忍不住拿出手机玩游戏了，而这一幕正巧被您看见……

我也不知道自己是怎么了，没学习多长时间就想着玩。我知道这样不好，您能想办法帮帮我吗？

江海

3月9日

给您的建议

男孩"管不住"自己,有因可循,也有方法可以改变。

↑"管不住"自己的原因

其原因分为两方面:

第一,管教过严导致男孩的逆反心理。有的家长主观地认为,男孩学习的课程紧,内容多,应该是没有时间再去玩儿了,殊不知当男孩想玩的时候遭到强硬阻止,容易导致男孩的逆反心理,反而"破罐子破摔",更加"管不住"。当然,家长的心情是能够理解的,但是男孩的心理是有其发展规律的,玩是男孩的天性,尤其是男孩压力大的时候,内心会特别渴望玩。家长要辩证处理男孩玩与学的关系,不要一看到男孩在玩,立即脾气发作,轻则训斥,重则打骂,这样只会适得其反。

第二,男孩自控力差。男孩正处在身心发育、成长的高峰期,随着知识面的拓宽,视野开阔,来自各方面的信息不断增加,男孩们玩的内容丰富了,玩的方式也多种多样,贪玩的欲望也比小的时候更加强烈。男孩的玩耍除了参加一些一般的文体活动、人际交往活动之

男孩成长中的学业"危机"

外,有时候是与其知识增长、兴趣、爱好有关;有时是为了证实或实践一下自己的想法;有时是出于好奇和对生活中一些技能的探讨;还有的时候是自己偶尔发现了什么,于是就动手去试试……但同时,男孩自己也知道,现在是学习的关键时期,他们必须抑制自己玩耍的欲望,然而像故事中江海一样自控力稍差的男孩,则会在每次忍不住的玩耍之后非常自责。

♂ 帮助男孩"管住"自己

现实生活中,家长怎样帮助管不住自己、贪玩的男孩呢?

第一,不让男孩贪玩不等于不许男孩玩。家长教育子女不要贪玩是对的,但是不贪玩,不等于限制男孩不许玩。家长应该根据男孩的特点,鼓励男孩培养兴趣,引导男孩发展特长,让男孩高高兴兴地学习,在玩中乐,在乐中学,这样男孩学起来,才会越学越爱学。

家长应该尊重男孩爱玩的天性,让男孩玩得理智,玩得开心,但这不是说男孩在任何时间内都该想着玩。家长应该和男孩一起规划一下怎样学习,什么时间学习,怎样玩耍,玩些什么,什么时间去玩。把学与玩划分开,到学习的时间专心致志地学;到了玩的时间,根据男孩的爱好、兴趣,玩得高高兴兴。玩到一定的时间,该停时就立刻

停止,不能在学习的时候也想着玩,更不能玩起来忘了学习。

第二,提高男孩的自控能力。家长不可能总是跟在男孩的屁股后面"管"着男孩,所以,提高男孩的自控能力才是根本的解决办法。

其一,通过榜样的力量,引导男孩的行为。男孩易受到榜样的感染,家长不妨在男孩面前"表现"一下自控能力,比如戒烟、戒酒等。父母的行为隐形地教给男孩很多东西,潜移默化中,男孩能够渐渐学会自我控制。

其二,通过有效的交流,帮助男孩成长。父母友好而尊重地与男孩交流时,不仅能让男孩心悦诚服地听话,还可以帮助男孩正确处理学与玩的矛盾,走进男孩的内心世界,让男孩学习自控。交流时,如果男孩的自控能力有了一些提高,父母要注意夸奖男孩的进步,及时鼓励,这样的鼓励会让男孩更加积极,也会让他感觉到家长的关注。

其三,通过训练,培养男孩做事的意志力。家长可让男孩学下棋、画画等,让男孩经过努力学会这些技能,在这其中锻炼他们注意的集中性和耐心。另外,家长要培养男孩做事有始有终的习惯。别人的交谈、门外的声响,都会使男孩中断正在进行的事情。家长应帮助男孩克服困难和障碍,督促他在一定时间内完成某项活动,使他感受到成功的喜悦。

激活男孩性格的有利因素

男孩"管不住"自己,可能跟他外向、好奇的性格有关。部分男孩无论家长怎样努力,都不可能把他变成一个完全"两耳不闻窗外事"的人。因此,如何"激活"有利的因素来"弱化"不利的性格因素就变得至关重要了。家长可以激活男孩贪玩性格的有利因素,比如活泼、行动力强,发挥男孩关心他人、热心公众事务的品质和能力,让男孩玩得有意义。

这次又考不好了！
——消除男孩的考试焦虑

主人公：王勃，初中二年级学生，学习勤奋刻苦，但成绩始终在中游徘徊。

爸爸：

我估计这次自己又要考不好了……

我很认真，也很努力，我知道您和妈妈都是普通百姓，一切都要靠我自己。我总想花比别人更多的时间和精力，想考出更好的分数。但是我的能力有限，只能在班上15名左右，这个成绩我非常不满意。

我越是想考好，越是"滑铁卢"，一到考试我就会非常紧张。我很想克服自己的这种心理，认为自己紧张是因为复习得不够充分，所以加长每天学习的时间，晚上睡得很晚，有时半夜醒来还起来看书，可是学习效果还是不好。

现在，考试将近，我一想到考试就发慌，心跳就加速，根本看不进书。所以，我估计这次又考不好了……

王勃

1月4日

给您的建议

几乎每个学生都可能有过这样的反应,临考前因精神过度紧张而出现血压升高、心跳加快、头晕目眩、失眠、腹泻或脑子一片空白,有的甚至出现手脚痉挛等现象。这就是通常所说的考试焦虑。由于面临激烈的学习竞争的压力,考试焦虑已成为孩子们常见的心理障碍。据调查,大约有10%～15%的学生对考试存在不同程度的焦虑,特别是学习基础比较差、性格比较内向、学习方法不够灵活的孩子最容易产生考试焦虑,有的孩子还伴有失眠和精神衰弱等症状。

那么,家长如何帮助考试焦虑的男孩呢?

♂ 寻找男孩产生考试焦虑的原因

产生考试焦虑的原因是多方面的,包括生理状态、心理压力和考试本身等因素。

第一,生理方面。主要有考试前睡眠时间不足、过度疲劳,平时锻炼不够、体质较弱,考前因食欲不振导致营养不良造成脑供血不足。

第二,心理方面。由于学校老师和父母的期望过高而产生很大

的心理压力。不少父母把圆大学梦的希望寄托在独生子女身上,重大考试差一分就意味着择班、择校不如意以及升学的艰难和家庭经济负担的加重。这一切均客观地摆在男孩面前,学习竞争使得他们不敢懈怠,分数再一次成为学生的"命根"。

另一个考试焦虑的心理原因是学生的不自信和过度自尊心理。有的同学对自己的考试总是缺乏信心,总觉得没有复习好,过度地担心考试成绩不好会遭老师和家长的冷遇,会产生强烈的愧疚感。经常有同学发出这样的感叹:"考不好对我自己的影响倒还无所谓,主要是怕面对父母失望的眼神,怕对不起老师和家长。"还有的同学平时成绩较好,对自己每一次考试成绩要求很高,尤其是一些重大考试少了一分都不行,抱着这样的心情去参加考试,自然会更加紧张焦虑了。

第三,考试本身。由于一些考题难度过大,复习准备时间不足,考场通风不良,光线不足等都会造成男孩不同程度的考试焦虑。

帮助男孩调节焦虑情绪

在一般人看来焦虑似乎是一种不利的情绪状态。其实焦虑作为一种不安的情绪,是个人内驱力的表现,是一种正常的适应行为。在

男孩成长中的学业"危机"

人类生存和发展中焦虑是不可避免的一种体验,它并不都是有害的情绪反应,适度的焦虑是人们学习、工作和生活必不可少的心理成分。人无所求就无所虑,学生如果在学习上没有一定的焦虑就会失去刻苦读书的内驱力。

焦虑对于考试来说也不完全是坏事。考试紧张是一种自然现象,适度的焦虑能使学生兴奋性增强,对认真参加考试,提高答题效率,应该说是有利无害的。相反,如果焦虑度不足,对考试过于放松,反而考不出好成绩。

然而焦虑过度会影响学习、工作和生活,严重者会患焦虑性神经症,一旦发现是病症应及时去医院治疗。学生中的学习焦虑大部分属一般焦虑过度,可从心理方面加以调节。家长帮助男孩克服考前焦虑现象应从以下几个方面入手:

第一,用沟通带走男孩的焦虑。不管是学习环境改变了,还是其他因素引起心理上的不适应,这时都应该调整认识,增强心理适应能力。告诉男孩不要使这种合理的变化变为压力,要充分相信自己的实力。同时,要让男孩打开心灵的大门,因为这是消除焦虑的关键,要和老师、同学多进行思想交流,沟通心灵,以消除孤独、烦躁的情绪,保持心情舒畅,从而减轻由于焦虑产生的压力。

第二,合理安排时间,改变学习方法。家长要有意识地让男孩在

学习上注意劳逸结合,有张有弛,学会科学、合理地安排学习时间,尽量提高学习效率,不应打"消耗战",让男孩针对自己的实际情况制定学习计划和作息时间,严格按照作息时间表去学习,保证足够的休息和睡眠。很多考生在临考前拼命"开夜车",睡眠不足,加上平时缺乏体育锻炼和文娱活动,大脑由于缺氧而导致昏昏沉沉,复习效率很低。这种做法很不科学,容易造成身心疲惫,虽然从表面看,突击对于短期内应考十分奏效,但是容易造成考试时思维迟缓、记忆力减退或思维活动不集中等结果,导致心情紧张,加重怯场现象。还有的男孩没有良好的复习方法,对考试缺乏信心,甚至感到绝望。研究记忆的心理学家指出:对自己的记忆缺乏信心,也是记忆力下降的原因,而绝望情绪则会使人的体力和智力水平大为降低。因此,考前的生活方式和心理准备都将直接影响考生在考场上水平的发挥。

第三,改变对考分的认识,提高考试技巧。男孩对考试的认识往往是片面的。家长要让男孩懂得,考试重在了解知识的掌握程度,通过考试找到自己知识上的欠缺,这才是考试的目的,因此在考试过程中应该集中精力去解决问题而不能只想着考试分数。把考试分数看得过重,就会忽视考试的真正意义,而使得考试的积极作用被消极作用所代替,影响考场情绪和考试成绩。学习上经常过度焦虑的学生,应从学习动机、成才道路、理想期望方面作多元化价值观的思考,确

男孩成长中的学业"危机"

立"天生我才必有用""条条大路通罗马"的观念,调整对考试的认识,做到心态平和,把对自己不切实际的过高要求降下来。焦虑往往是由不可摆脱的困难而造成的,换个角度思考,多想想成功之处,多想想善事、乐事、好事,焦虑的情绪也会因此而化解。

另外考试也是有方法、有技巧的。孩子即使在考前有充分的准备,在考试时碰到棘手的难题也在所难免。有些孩子有怯场的毛病,一遇到难题就紧张,甚至会出现头脑一片空白,或在一道题上浪费太多时间,没时间做剩余的题目。在答题时应先易后难,以逐步增强信心,而且在困难时学会自我安慰也是必要的,碰到难题时想"自己不会,别人也未必会",等到别的题目都做完了,紧张情绪就能得到缓解,再来攻克难题,这时考前由于紧张而导致遗忘的内容也许就记起了。迎难而上,会取得神奇的效果。家长应该帮助男孩在考试过程中不断总结经验,鼓励男孩有勇于战胜困难、解决难题的决心和信心。让男孩平时遇到难题时不应放弃,而要找思路、找感觉,培养一种敢于面对难题的良好心理素质。

第四,学习放松方法,让男孩自我解除紧张焦虑的情绪。缓解考试紧张的心理还可以做放松训练,最简便的方法是深呼吸和自我暗示。当男孩感到紧张时,家长可以让男孩多次做深呼吸,或采用"呼吸守点法",即双眼只看到一个固定目标,同时均匀地呼吸。遇到难题可进行适当的自我安慰,用心理语言对自己说:"大家容易大家难。""没什么了不起的,我一定能考好。"通过简单地自我治疗,可以使男孩的紧张和焦虑情绪得到控制,从而逐步增强自控能力。

第四章 男孩成长中的学业"危机"

他分数没我高,怎么就考上了省重点高中?
——对男孩恰当地解释"不公平竞争"

主人公:朱东,初中三年级学生,刚刚经历过中考。

爸爸:

今天我去了学校拿毕业证书,同学们都在互相询问考上了什么学校。本来我心情挺好的,可是后来同桌对我说,分数没我高的林海居然考上了省重点中学——市一中。那是我梦寐以求的学校啊,可是林海怎么考上了呢?同桌神秘兮兮地对我说:"人家家里有背景……"

我弄不明白了,有背景就可以上重点中学?这不公平啊!我一直那么努力都没有考上,人家却轻轻松松上了,那么努力学习还有什么用?

我心情挺不好的,也想不通,有时间咱们聊聊。

朱东
8月3日

换个方式爱孩子
——男孩写给父母的60封信

给您的建议

面对不公平的竞争,男孩的内心容易发生质疑:难道家里有背景、有钱,就可以高人一等,拥有更多的机会吗?尽管男孩在学校,但是他们仍然能够感知社会的方方面面;虽然对很多不公平的竞争都有所耳闻,但是实实在在发生在自己身上时,男孩们还是很难平复心中的愤慨。如果随着时间的流逝,男孩的内心能够自然平复是再好不过,但假如男孩"过不去这个坎儿",从此心里埋下了一个心结,则有可能变得对学习丧失热情和动力,影响他们的一生。所以家长应该多关注男孩的内心,疏导男孩内心的愤慨,让男孩健康成长。

☝ **对男孩讲述实情**

如果男孩遇到了信中朱东一样的情景,家长要开导男孩:世界上的公平不是绝对的。如果有绝对的公平,那就很难解释为什么地球上的土地有贫瘠与肥沃之别;为什么非洲很多人生下来要面对干旱、饥饿,而欧洲很多人则享受文明、自由。面对生来就不公平的环境来讨要所谓的"公平"本身就不现实。人们出身背景不同,生长环境不同,受教育程度不同,所以公平只是一个相对的概念,公平并不是指平均。

↑ 改变"考分决定一切"的教育态度

很多家长的教育理念是存在偏差的,他们从小就告诫男孩:考分决定一切,只有考得好,才有前途。如果这样的家庭同时又不具备一定的"公平竞争"的能力,那么男孩的心理压力就会非常大。家长只有改变错误的教育观念,才能让男孩快乐地成长。

↑ 别让"不公平"成为男孩的借口

"这次考试为什么没考好?"
"某某他们分数高的都是作弊的!不然他们绝对考不过我!"
"为什么不参加比赛?"
"没兴趣,某某肯定是内定的第一名。"

这样的情况,"不公平"无疑成为了男孩成绩不优秀、不愿意竞争的借口。家长要小心男孩的这种现象,必须让他们明白,生活中是有各种各样的不公平,但那不是不努力、不成功的理由。

选哪科是我的自由!
——文理分科,和男孩一起做出正确的选择

主人公:安鲁,高中生,正处于文理分科之际,家中为此事争论不断。

妈妈:

我想读文科!

我对语文和英语一向比较拿手,尤其文学、诗歌最在行。平时我的文章经常被老师当作范文在班上朗读,这更激发了我学习语文的兴趣,心里更是增添了无穷的力量。我想我以后考上大学就读新闻系,干脆做个潇洒的记者,这个行当倒是挺适合我的。

但是天不遂人愿,爸爸经过反复咨询考证之后,坚持认为读理科更有前途。如果真要我上理科的话,我肯定是生不如死,因为我对理科丝毫不感兴趣。

我也尝试着与爸爸沟通过,我告诉他应该尊重我的选择,选哪科

男孩成长中的学业"危机"

是我的自由！可是爸爸认为我是"小男孩"，他是为我好，所以这种人生大事应该他做主。

我心里苦闷得要命，您能帮我跟爸爸说说吗？

安鲁

7月23日

换个方式爱孩子
——男孩写给父母的60封信

给您的建议

男孩到了文理分科的阶段,喜爱文科还是理科,其实男孩心里都有自己的想法。如果像信中孩子的父亲一样,不了解男孩的喜好,又不和男孩进行有效的沟通,盲目为男孩做出决定,当然会让男孩反感。

在文、理科的岔道口,家长应该怎样和男孩一起做出一个正确的选择呢?

↑ 了解男孩的能力倾向

这个问题同男孩的兴趣以及擅长的能力有关。美国心理学家和教育学家加德纳在自己的研究中把人类的智力分成不同的8个部分:语言能力、数理逻辑能力、空间认知能力、音乐能力、身体运动能力、人际关系能力、自省能力、自然能力,不同的人可能擅长不同的能力,也可能在某些能力方面确实存在"先天"的不足。写信的男孩喜欢诗歌、文学,可能也在语言能力上擅长;相对地,男孩对数、理、化感到头痛,也完全可能在数理逻辑能力或空间认知能力上存在"不足"。了解男孩的能力倾向,家长就能根据男孩自身实际情况来安排,"取长补短"或"扬长避短"。

所谓"取长补短",家长要让男孩安排更多的时间和热情来学习和练习他所"短"的学科。家长可以了解一下现在的高考学科和要求,因为现在高考正在改革过程中,考试科目和要求每年都可能不同,然后和男孩一起安排一下学习计划。如果家长和男孩所希望报考的专业需要数、理、化成绩,那么就必须要保证把这些学科成绩达到起码的要求。相反,男孩在语言能力上擅长,喜欢诗歌、文学,但高考并非单纯考查男孩的文学素养,因此必须"忍痛割爱",暂时牺牲掉一些时间来"供应"数、理、化等学科,尤其是数学,因为即使高考文科数学也是必考学科之一。

所谓"扬长避短",家长和男孩就需要一起对男孩的生涯做一个规划,包括男孩将来报考的专业、从事的职业等,应该同男孩的兴趣和擅长学科相符合。例如,男孩报考文史类专业就能够更多地发挥自己所擅长的能力,而相对来说对数学的要求不太高。同时,由于高考到目前为止还是比较简单地以总分排列录取名次,因此家长就要让男孩尽可能把自己擅长的科目如语文、外语学到最好,争取获得高分,即使如此也需要协调好男孩爱好的"文学"和考试的"语文"之间的关系,因为未必男孩文学素养高深就一定获得语文高分。

把学习计划和目标安排明确了,男孩就能够很清楚地把握好"兴

趣"与"要求"的分寸。家长要让男孩知道,在诗歌上少花些时间并不意味着放弃诗歌,它可以成为男孩一生的爱好。把擅长的学科学到有把握获取高分;把不擅长的应考科目学到有把握不丢分。如有必要可以与任科老师沟通,听取他们的一些意见和忠告再做打算。

♂ 尊重男孩的选择,勤于沟通

无论选择文科还是理科,家长和男孩都不应该一个人说了算。家长首先一定要先问问男孩自己的意向,如果和自己意向一致当然最好,如果和自己意向不一致,那么家长要耐心倾听男孩选择的原因,并且真正地从男孩的角度出发去考虑,不要因为他是男孩,就一定认为他的想法是幼稚的、不应采纳的;其次,家长要多和男孩沟通,给男孩分析为什么他的选择是不明智的,分析的时候要尊重事实,让男孩信服。

♂ 不能纵容男孩盲目"争气"

一个明知自己适合做什么却不去做的人,是不明智的。不妨想象一下,如果刘翔没有去练男子跨栏,而是去练游泳、举重、掷铅球、射击,那么无论他怎样努力拼搏,他都无法取得今天的成就。事实上,当乔丹放弃了篮球去打棒球的时候,即使他非常勤奋和努力,也无法取得体育赛场上的荣耀。如果男孩是因为盲目地想争一口气,选择了一个并不适合自己的领域,最终他会失去全部的"气"。其实,男孩早已很清楚自己应该选择什么,他们真正的问题,并不是在选择什么,而是在以何为标准来进行选择。家长要让男孩忠于自己内心的想法,不要以他人和环境的意志作为自己判断的依据,养成一种独立思考和不依赖于别人的习惯。因为太在意环境和别人看法的人,是无法真正把握命运的,只能随波逐流。

让男孩对自己的选择负责

由于学习的高压,很多男孩在文理分科的时候,因为一点点偷懒的私心而选择自己成绩好的科目——尽管这个科目可能是在家长眼里"没有前途",或者自己内心并不十分喜欢的。这样的"偷懒男孩"因为理由冠冕堂皇,所以家长一般很难反驳,这时候家长只要告诉男孩:"你的选择你要对自己负责,如果因为一点点私心,将来只能选择自己不喜爱、前途一般的职业,爸爸妈妈是帮不了你的。"相信男孩会自己掂量思索的。

我不是不想摆脱游戏,真是难以自拔啊!
——男孩迷上了电脑游戏怎么办

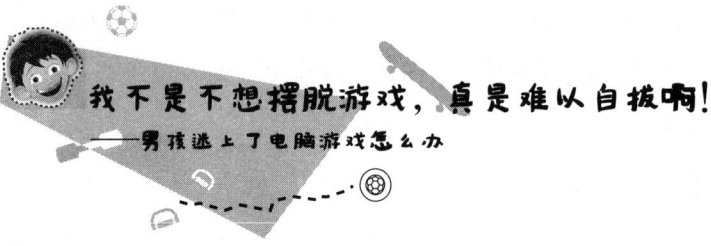

主人公:李宇,高中生,迷恋网络游戏,虽然想戒,但一而再,再而三地重蹈覆辙。

妈妈:

我大概就是像您说的"玩电子游戏已经上瘾了,中毒了",我不是不想摆脱游戏,真是难以自拔啊!

由于爸爸工作的原因,我们家很早就有了电脑,很快我就被它迷住了,每天都要上网"耍一耍"。玩得太多了,在课堂上虽然面对的是老师,可是在我的眼睛里他们就像身穿盔甲、挥着粉笔战斗的勇士,赶也赶不走。

由于游戏占用了很多学习时间,我的成绩直线下降,您和爸爸就把电脑搬离了我的房间。没有电脑的日子,我只坚持了两个多星期,那个难受劲就不用提了。学校不远处新开了一个网吧,不仅救了我

 第四章
男孩成长中的学业"危机"

的"命",而且给了我进一步提高技艺的机会。"CS""魔兽"之类的游戏,我都一一攻克。

但我的新动向很快就被您和爸爸发现了。一天我正在游戏中激烈搏斗,突然您出现在我的旁边。爸爸第一次揍了我,您则边劝边哭,说了许多让我听了之后很难过的话。

其实我也觉得玩游戏不太好,耽误很多时间,而且时间长了眼睛、肌肉都很疼,视力下降了,学习也受影响,还弄得您和爸爸如此伤心。可是我就是戒不了,怎么办啊?

李宇

12月9日

|给您的建议|

作为21世纪的重要工具,电脑在大大激发男孩们好奇心的同时,也带来了一些隐患。临床心理医生认为,长时间玩电脑游戏,一方面会损害男孩的身体健康,使男孩出现头昏眼花、疲乏无力、双手震颤、视力下降等症状;另一方面,男孩在心理上也会产生一系列变化,会逐渐形成依赖心理,导致情绪低落、思维迟缓、食欲下降、行为异常以及交感神经功能部分失调。家长应该采取有效措施,帮助男孩理性上网,摆脱"游戏瘾"。

↑ 男孩迷恋网络游戏的原因

男孩爱玩电脑游戏的原因很多,"轻松"是首当其冲的第一原因,这一点是容易理解的。在前的学生,考试压力大,学习比较紧张,很多人都在寻求自己的休闲方式或者说宣泄场所,电脑游戏便成了他们很好的工具。

男孩迷恋游戏的第二个原因是游戏能带给她们不同程度的刺激感与心理满足感。有一个男孩说:"游戏可以使我实现现实中无法达到的梦想。"一句话点出了很多男孩玩游戏的心态。他们在角色扮演中扮演英雄,侠义豪情,仗剑江湖;在即时战略中指挥麾下部队,运筹帷幄,横扫千军;在体育游戏中化身为运动员,拼搏进取,力争上游;在网络游戏中重塑自我形象,真实互动,乐趣无穷……各类游戏就是一个个崭新的虚幻世界,这一个个近乎真实的世界能给男孩各方面最大的满足。

第三个原因是由于思维的连贯性。"闯了一关,还想闯一关"便是这种连贯性思维的典型,表现电脑游戏大多具备这种特性,令男孩们欲罢不能。

帮助男孩摆脱网络游戏的泥沼

如何让男孩摆脱网络游戏上瘾呢?家长可以尝试下面的方法:

第一,与男孩"约法三章"。如今是网络信息时代,很多学校的课程教学目标要求男孩有阅读信息、处理信息的能力,而上网是他们获取信息的一个捷径。要完全禁止男孩上网,这似乎不妥。家长可以这样和男孩"约法三章":

其一,确定上网时间。法国著名心理学家马克·瓦勒尔认为,每天2个小时是预防男孩上瘾某种电子游戏的时间上限,家长可以根据这个参考时间来调配男孩上网时间的长短。

其二,确定上网形式。这一点家长可以尊重男孩的意见,如果男孩认为自己还不能完全自律,那么就可以选择当着爸爸妈妈的面在家上网;如果男孩感到自己能够负责自己的事情了,那就可以在任何空余的时间上网,也可以选择是在自己的房间或者在网吧上网。

其三,确定上网内容。上网最主要是为了什么?网络最主要的功用应该是了解信息、查找资料、拓展学习内容。作为男孩,上网主要应该是为了帮助学习,增加阅读量,扩大知识面,培养自学能力。家长要对男孩说明上网内容,强调游戏很诱人,但玩游戏绝不是网络产生的真正目的,要做到在学习期间,学习任务不完成就不玩游戏。

另外要注意的是,在与男孩"约法三章"之后,应该帮助男孩控制其行为,遵守诺言。

♂ 积极开展各种竞赛,提高学习信息技术的兴趣

信息技术是一门新型学科,刚开始接触,男孩对它充满了神奇色彩,当接触多了,这层神秘面纱也慢慢被揭开了,而且这门课程涉及到的面广,男孩很难把握学习目标,就会慢慢地失去兴趣,转而喜欢上游戏、聊天等。因此在平时,爸爸妈妈可以给男孩介绍电脑的各种用途,也可以让男孩上一些信息技术兴趣班,使男孩体会到利用计算

机还可以做很多的事情,而不仅仅是利用计算机来上网玩游戏。

用其他活动来转移男孩的注意力

在男孩最初离开电脑游戏时,内心有些煎熬是必然的,这时候爸爸妈妈可以想办法用其他活动来转移男孩的注意力,如制作航模飞机、打球等。这些游戏一样受到男孩的青睐,能够成为他们摆脱游戏的好帮手。但有一点家长要切记,不要因为这些活动会花去自己不少时间而不去做,为了男孩,牺牲一些工作、休息的时间是值得的。

加强家校之间的联系

为了防止男孩一时克制不住,瞒着父母在外上网游戏,家长应当经常与学校老师联系,了解男孩在学校的上学情况,注意从时间上掌握男孩的行踪。例如以学校的上学和放学时间,加上合理的在途时间来计算男孩到学校、到家的时间。上学前尽量不要让男孩提前太早离开家,放学时间过后,关注男孩是否在合理的时间之内就到家。

了解附近网吧的情况

有一些非法网吧唯利是图,不但纵容色情、赌博、不良游戏危害青少年的健康,而且缺少基本的防火等安全设施,上网者的人身安全毫无保障。因此,为了男孩,家长要对附近有几个网吧,男孩常去哪个网吧,有没有非法网吧等做到心中有数。如果真的发现一些不良网吧,可以向有关部门反映情况,将其取缔,从外部清洁男孩的上网环境。

男孩成长中的学业"危机"

主人公：小桦，初中生，父母都是农民，不喜欢上学，学习成绩差。

爸爸妈妈：

当你们看到这封信的时候，我已经不在这个城市了。

别着急，我不是离家出走，我只是想外出打工，去闯一闯世界。

我的成绩一直不好，对学习也没有什么兴趣，与其浪费时间，不如跟着表哥去打工。表哥是不同意的，我是偷偷摸摸跟着他走的，你们不要责怪他。他会照顾我的，你们放心。

等我赚了钱，我会回来看你们的！

小桦
6月23日

|给您的建议|

男孩想辍学打工是一种短视的厌学心理,这种心理形成的原因有很多。

第一,有的学生因为家庭生活困难,或者受到了市场经济影响,只顾眼前利益,觉得干什么都能挣钱,因此对读书的兴趣不大;第二,有的学生缺乏远大理想,胸无大志,不知道学习有什么用;第三,有的学生因为受过老师、家长的批评,总觉得别人瞧不起他,再学也是学不出名堂的,渐渐地对学习没有了兴趣,产生逃避心理。

家长应该如何面对打算辍学打工的男孩呢?

↑ 教导男孩不要鼠目寸光,只看眼前的利益

近些年来,年轻人到外地去打工是一种很流行的选择。特别是有些人到发达省市、开发区,有的到国外去打工,挣了很多钱。很多男孩本身就成绩不理想,想逃离学校,又受到金钱的诱惑,便容易鼠目寸光地选择眼前的利益。

中央电视台《实话实说》节目曾经讲述过这样一个故事:

有一位偏远山村的农民在35岁时与儿子同班读小学,而且在一

男孩成长中的学业"危机"

年后,父子双双考入地区重点中学。他就是安徽省东至县农民汪永平,他比在同校读书的女儿低两届,还打算在全日制学校读到高中毕业。一个已经当了爸爸的农民,为什么又去和儿子一起读小学、读中学呢?原来他在12岁的时候,因为想赚钱,就辍学回家,当了放牛娃。如今,为了生活得好一些,他去深圳打工,弟弟也想给他找一个轻松的工作,把他安排在自己的商场里做领班,让他管理一二十个人,有搬运工、销售员、收银员,这让他手忙脚乱。每当工作人员遇到业务难题向他请教时,一问三不知。为了不让弟弟为难,他主动提出去做搬运工,弟弟答应了。一干才知道,在深圳当个搬运工没有文化也不行。因为不认识货物标志,他在搬运、堆放时经常出错。轻活干不了,重活也干不好,弟弟又安排他在公司传达室做来客登记工作,这活儿在汪永平眼里同样成了苦差事。还有在道路复杂的深圳大街,往往他一出门就找不到回来的路。这一个多月的深圳之行,他的心灵受到了震撼。一个没有文化的人,是无法适应现代化社会生活的。就这样他噙着热泪离开了这个曾让他无限向往却深深刺痛了他的城市。一种强烈的、压抑了很久的热望涌上了心头——我要读书!在这个农民的影响下,他同乡中有两个15岁的女孩,两年前也是不愿意上学而出外打工,也是饱受了没有文化之苦,如今也重返校园,跨入中学校门。

曾经有很多人劳碌了半生,饱受了文化落后、没有知识的辛苦之后,又纷纷走进校园重新学习。家长可以通过类似的故事,让男孩明白,未来不论想干什么工作,没有知识不行,不懂科学技术也不行。现在的男孩一旦辍学打工会处于要文凭没文凭,要"水平"没"水平"的境地,就像刚会挣扎的小雏鸟一样,翅膀还没有硬,还没具备"出飞"的本事。一定要让男孩明白,不要鼠目寸光,只看眼前的利益,学习不是没有用,是还没有到用的时候。家长可以多给男孩讲讲这些科学致富的"学习有用"论,帮助男孩树立远大理想,相信男孩会有所触动。

对男孩要多鼓励、少批评

男孩产生辍学打工的念头,家长是有不可推卸的责任的。这些男孩在学校学习成绩一般都不会好,而有的家长教育不得法,动辄训斥、责备男孩,很容易打击男孩学习的兴趣和自信,让他们逃避现实。因此家长一定要多鼓励、少批评男孩。每个男孩的智商除去极少数特别高和特别低的两种,基本都是差不多的,男孩是具备极大的潜力的,不要因为教育的失误断送男孩的一生。另外,家长也要多和老师沟通,让老师也多鼓励男孩。男孩在家庭、学校双重温暖的环境下,怎会萌生外出打工的念头呢?

第五章
重视男孩社交能力的培养

父母常常在脑海中勾画自己的男孩长大后的成功形象:职场上应对自如的管理人士、商场上舌灿莲花的谈判高手、叱咤风云的企业家、深得人心的政治家……不可否认,这一切的成功都需要这个男孩有很强的社交能力,而这种能力必须从小培养。在男孩的成长过程中,会遇到各种各样的社交难题,下面的一封封来信表露了男孩在社交方面的困惑和苦恼,他们需要家长的支持和鼓励、理解和开导。

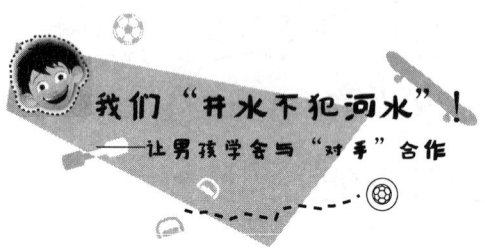

主人公：普冉，中学生，通过钢琴八级，性格有点孤傲。

妈妈：

我真弄不明白老师为什么要让我和小明一组表演节目！

小明平时做什么事总和我意见不一样，而且我们见面的时候也不会打招呼，不说"老死不相往来"吧，我们也是"井水不犯河水"，互不理睬。

我问过老师，能不能不和小明一起表演，但是老师说，我们一个会弹钢琴，一个会拉小提琴，是"绝配"！

我没有办法反驳老师，只有求您了！您帮我去跟老师说说吧，我真的不想和小明一起参演节目！

求您了！

普冉
4月15日

重视男孩社交能力的培养

给您的建议

男孩之所以不和自己的"对手"合作,主要是因为他们对"合作"这个概念理解得还不够全面,或者说,他们只理解了合作的一个片面。合作,全面、正确的内涵是与人合作,而不只是与自己要好的同学、朋友合作,那些与自己不熟悉的,甚至是与自己"对着干"的人,也应该与其好好地合作——只要有合作的必要。在未来的社会里,只依靠个人的力量是不行的,尤其对于男孩来说,具备一种良好的合作精神将会对以后的生活起到极其重要的作用。

那么,怎样指导男孩与对手进行合作呢?

带男孩做些与之相关的小游戏

下面的小故事一定会引起"不合作"的男孩的深思!

威尔逊的妈妈给威尔逊又生了一个小弟弟以后,威尔逊对妈妈越来越不满起来,他觉得从前妈妈只对自己一个人好,可是弟弟的到来,却把妈妈对自己的爱夺走了。威尔逊不仅不爱听妈妈的话,反而经常趁爸爸妈妈不注意的时候,抢走弟弟的玩具,或者推搡弟弟一下,不让弟弟哭出来是不会罢休的;而弟弟也早就感受到哥哥对他的

换个方式爱孩子
——男孩写给父母的60封信

敌意,所以非常讨厌哥哥。弟弟长大一点以后,家里整天飞舞着小哥俩打架扬起的尘土和嚷出来的噪音。这让他们的妈妈很是生气和担忧。有一天,他们的爸爸想到了一个好主意。他晚上下班回家,对儿子们说:"我们来玩一个游戏好不好?"贪玩的小兄弟俩立即围了过来,叽叽喳喳地询问:"什么游戏?"

只见爸爸从包里拿出一个细长的瓶子和两个黄颜色的小球,这两个小球的一端分别拴着一根线。爸爸说道:"看到没有?这个瓶口只有能够容一个小球通过的空间。"然后爸爸拿着其中一个小球的绳子做了一下示范——只见小球很顺利地被放进瓶子,取出来;又放进去,取出来。然后爸爸分给他们每人一只小球,让他们把小球各自放入瓶内。"这个游戏的规则是,听我的口令,我从1数到3时,你们就要把自己的小球从瓶口取出来,只能牵着绳子取哦!谁能取出来谁就胜利!"爸爸说道。

兄弟俩跃跃欲试地让爸爸快点数数,然后游戏很快就开始了,却迟迟没有结束,为什么呢?原来哥俩正你拼我抢地向上拽绳子,两个小球都挤在瓶口,就是不肯出来。两个小家伙的脸都憋红了,充满敌意地望着对方,眼看就要大喊起来了。这个时候爸爸说道:"好了,时间已经到了,你们谁也没有胜利。"威尔逊和弟弟都没有说话,闷闷不乐地盯着对方。他们的爸爸却说:"我并没有说谁的小球先被取出

重视男孩社交能力的培养

来,谁就能赢;而是谁能够把小球取出来,谁就是胜利者。你们好好想一想!"威尔逊和弟弟想了一会儿,问道:"这有什么不同呢?"爸爸答道:"当然不同了!你们只想着尽快让自己的球先出来,最后谁也没有顺利通过;可是如果你们想着怎样才能让两个球都出来的话,问题不就解决了吗?"小哥俩你看看我,我看看你,突然恳求爸爸道:"爸爸,我们再来一次好吗?"爸爸按捺住高兴的心情说:"好吧,我倒要看看这次你们能不能行呢!"

只见他们不慌不忙地把球依次放进瓶内,当爸爸数到3后,威尔逊说:"弟弟,你先把球拖出去吧!"弟弟看到哥哥温暖的眼神,顺从地把球先拖了出去。哥哥这才把自己的球取了出来。爸爸欣慰地说道:"这就是合作的乐趣!我说你们这两个小家伙,兄弟间要相互友爱,团结协作,这样才能共同做好一件事情,体会到其中的乐趣!对吗?"

只见威尔逊羞愧地低下了头,而弟弟微笑着走到哥哥身边,拉起哥哥的手走进了房间,从此这个家变得和谐安静多了。

一个简单的游戏,有时候比长篇大论的说教更有用。家长可以和自己的男孩来玩一玩这个游戏,收到的效果也许会让家长大吃一惊。

↑ 和男孩观看相关题材的电影

父母可以找一些相关题材的电影,和男孩一起观看。生动的故事情节会通过视觉给男孩留下非常深刻的印象。

一位在教育孩子的方法上颇有心得的妈妈在心得日记中写道:

曾带着孩子看过这样一部电影,讲述的是拿破仑的一个外交大臣与自己的对手合作,推翻拿破仑的故事。

1807年,拿破仑的外交大臣塔里兰认为,推翻拿破仑的时机已经来临,他需要寻找一位盟友,最后他竟然选择了他最痛恨的对手——秘密警察首领富歇。虽然塔里兰并不期望和富歇建立任何友谊,而且也不可能,但是如果和富歇合作,对方一定会努力证明自己。他明白,与富歇的结盟是建立在双方利益基础之上的,和私人的情感没有任何关系。而这样的合作,才是最安全的。

这两位一向对立的大臣竟然会结盟,旁人对他们的主张也产生了极大的兴趣,对拿破仑的反对也逐渐蔓延开来。从那以后,塔里兰和富歇成了最佳的搭档。

这位妈妈带孩子看完这部电影后,告诉孩子说:"对手和朋友总是相对的。但当新的更为强大的对手出现时,原来的对手则可能成

为朋友。当与对手存在某种共同利益时,双方也可能成为朋友,共同去获取那份利益。"

而当这位妈妈把这件事讲给同事听时,有的同事会点头称赞这种教育方法,有的同事却说:"没必要告诉他们这么深刻的道理吧?"这位妈妈反驳说:"现在的社会发展这样迅速,竞争又是这样激烈,谁能保证孩子在将来不会碰到类似的情况呢?当我们的孩子今后独自面临一些严峻的局面时,这些道理一定会派上用场。"

可见,这位妈妈的做法是明智的。向对手学习是聪明的表现,而与对手交友是智慧的表现!陶行知曾说过:"集体生活是儿童之自我向社会化道路发展的重要推动,是儿童心理正常发展的必需。一个不能获得这种正常发展的儿童,可能终其身只是一个悲剧。"男孩从小在家庭教育中学到的知识、培养的精神,都会投射到他们的性格中去,长大后很自然地带入社会。一个懂得合作精神,并能够全面认识到与对手合作的重要性的男孩,会很快适应不断变化的社会环境,很好地投入到工作岗位的集体操作中,并发挥积极的作用。

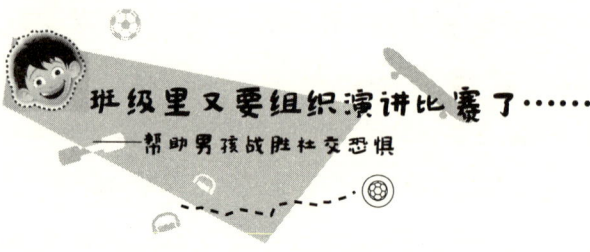

班级里又要组织演讲比赛了……
——帮助男孩战胜社交恐惧

主人公：钱刚，初中生，性格内向、害羞。

爸爸：

班级里又要组织演讲比赛了……

上一次我参加的时候，由于过度紧张，说话结结巴巴，结果仓皇收场，被同学们嘲笑。

事后，一遇到要发言、表演等情况，我都害怕、紧张，甚至会全身发抖。您找我谈心，教了我一些演讲的技巧和放松的方法。这段日子，我一直在练习，似乎是有一些效果的……

现在，又要进行演讲比赛了，我已经把材料准备好了，您这几天如果有空的话，先帮我练习一下行吗？

谢谢您！

钱刚

6月5日

重视男孩社交能力的培养

给您的建议

社交恐惧是孩子在人际交往过程中产生的极度紧张、畏惧的情绪反应。男孩的自我意识正在发展中,他们一方面自尊心过于强烈,另一方面自信心又严重不足,生怕自己不如人家,再加上男孩如果在交往过程中屡遇挫折、失败,就会形成一种心理上的打击或"威胁",在情绪上产生各种不愉快的,甚至痛苦的情绪状态。这种状态形成习惯,会在以后遇到类似的情境时,产生恐惧感。如,看到别人或听到别人在某种交往情境中遭受挫折,陷入窘境,或受到令人难堪的讥笑、拒绝时,自己也会感到痛苦、羞耻、害怕,甚至电影、小说、报刊等的相关内容也可以加强这种恐惧经验,使男孩紧张不安,焦虑恐惧。

小田今年上六年级,他现在的每一天几乎都是在恐慌之中度过的。无助的小田找到了心理咨询师:"求你帮帮我……"

在心理咨询师的耐心询问下,小田吐露了心事:

童年时,小田家里时常发生"战争",因此,他从小就自卑、懦弱、胆小、不爱说话,甚至怕见生人。上五年级时,他发现自己不能适应集体环境,就让自己远离同学,一些男生为此经常拿他取笑。后来,小田转学了。

上了六年级之后,功课紧张,小田更是很少说话,很少与同学交

流,渐渐地,他和同学之间没有了共同话题,他觉得自己非常笨拙,非常可笑。后来,万万没有想到的是,以前学校同班的一名男生也转来了他现在的学校。于是,小田以前的一些经历便被当成笑话,几个无聊的男生给他起了一个绰号"哑人一代",这让小田非常愤怒。可当他想去责问他们时,却因为生气而浑身发冷,四肢抽搐,说不出话来。而他们竟没有丝毫羞愧之心,反而更加嚣张。为此,小田十分痛苦,十分恐慌。

"社交恐惧症"主要表现在生理和心理两个方面。在生理上,紧张者表现为面部肌肉僵直、不自然,身体的某些部位不由自主地发抖,心跳加快,手心冒汗等症状;在心理上,紧张者主观上感到别人都在盯着自己,看到了自己的紧张表现,甚至觉得别人在心里嘲笑自己。同时,还会产生一种逃避心理,想尽量逃到不会被人注意到的角落,而且尽量不发言,来减轻自己的紧张状况。

如何帮助男孩战胜社交恐惧呢?

↑ 注意调整男孩的心态,帮助其树立良好的观念

有社交恐惧的男孩,多有胆小、害羞、内向、拘谨等特点,所以在与人交往时常感到不自在,面红耳赤,害怕别人注视自己,似乎那样

内心的一些想法和缺点都会让别人看到似的。家长要告诉男孩,其实不必恐惧,社交能力不是先天就有的,不妨想一下那些社交能力强的人在开始时,也许也是很紧张恐惧的,但只要经过多次锻炼就变得出色了。家长要帮助男孩调整好心态,树立一些良好的观念:

第一,**不要要求过高**。过于追求完美,对自我要求过高的男孩容易患得患失,往往太在意别人对自己的看法,一心想要得到别人的承认,反而迷失自己。家长要让男孩接受自己的现况,不要去管别人怎么看,因为一个人越害怕出错,就越会感到手足无措。

第二,**不要太在意身体反应**。紧张总是伴随着一系列的生理上的不适,根据"强化理论",如果紧张时男孩太注意自己身体某些部位的紧张反应,就相当于是在强化自己的紧张行为,使其一步一步地加重。而当男孩不去管自己的紧张反应后,由于紧张得不到注意和强化,紧张反应就会随着时间的推移而逐渐消退。

第三,**勇敢地去面对**。有紧张心理的人,在社交场合下,往往会表现出逃避心理,害怕会出丑而不去面对。家长要让男孩明白,其实,逃避并不能消除紧张,相反,它会使人感到自我的懦弱,以致下一次会更加紧张。而且,人活在社会上,是不可能逃避一辈子的,是必须与人交往的,早晚有一天,都必须去面对。家长要鼓励男孩,克服紧张的最好办法就是勇敢地去面对紧张!

有了以上的这些认识后,再结合一些心理学原理和方法技巧,男孩就能迈出走出恐惧阴霾的第一步。

♂ 丰富男孩的经验,掌握必要的应付技能

男孩的许多恐惧是由于对恐惧对象缺乏了解而主观臆想,或者缺乏处理可怕情境的能力,或者缺乏应付危险的手段等造成的。比如,在一次社交中,男孩面对别人的提问而语无伦次,弄得面红耳赤,无地自容。其实并不是男孩不知怎样回答此问题,而是感到在众目睽睽下非常恐惧。如果男孩习惯了这种社交场合,并且掌握了各种社交手段,那么他对社交情境就会应付自如了。正如一位科学家所说:"愚笨和不安产生恐惧,知识和保障却拒绝恐惧。"因此,家长要鼓励男孩努力学习各种科学知识,了解各种生活现象,掌握处理它们的方法或技能。比如,家长和男孩可以私下里做以下演习训练:

第一,系统脱敏训练。改变是不大可能一步就到位的,它是一个渐进的过程,男孩需要一步一步地来战胜紧张心理。

先为男孩设立一系列的行为目标,根据男孩的情况,将其按由易到难的顺序来排列。这样由易到难地去进行一项一项的社交实践训练,这一项练到很轻松自如了,就可以进入下一项的练习。要相信,

重视男孩社交能力的培养

人的能力是在实践活动中经过锻炼而逐渐培养发展起来的,社交能力也是如此。

第二,镜子技巧。让男孩每天用 10 分钟左右的时间,站到镜子前面,看着镜中自己的眼睛,对自己大声说道:"我相信自己可以轻松自如地与别人交往!""我相信自己一定能成功地改变!"如此反复多遍,让男孩逐渐相信自己真的可以做到。

第三,放松入静训练。和男孩一起找一个安静的没有人打扰的地方,舒适地坐下来,闭上眼睛,让男孩想象自己来到一个青山环绕、绿树成荫的幽静地方,心境变得平和起来。然后让男孩开始放松,从头部、颈部、手臂、胸部、腹部、背部、臀部、大腿、小腿、脚部依次想象变松变软……每天至少一次,通过经常这样的练习,能帮助男孩控制自己的身体,有助于克服紧张的反应。

第四,阅读伟人传记。尝试着让男孩看一些伟人的传记,用他们的成长和成功经历来激励男孩,使男孩获得愿意改变的勇气和信心。同时,这些伟人的事迹还能起到偶像的作用,男孩可能会下意识地模仿他们的一些积极的思想和行为,有助于男孩的改变。(比如海伦·凯勒、林肯、福特、诺贝尔等的传记)

第五,学习人际交往技巧。家长可以提供一些关于人际交往和口才技巧方面的杂志和书籍,让男孩多学习别人的人际交往的经验,来提高自己的交际能力,这样,有助于帮助男孩树立起与他人交往的信心。

♂ 让男孩学会悦纳自己

很多男孩的社交紧张就是因为不悦纳自己、对自己不自信造成的。所以,要改变就一定得让男孩在心里接受和悦纳自己,对自己有正确的认识,既不该过于自信,也不应盲目自卑;做事不要求全责备,对自己过分苛刻,追求事事处处都得体;不必太在意别人的评价,树立起对自我的信心。

♂ 教会男孩进行自我鼓励

人需要鼓励,而自我鼓励比外部的鼓励更可靠,因为只有自己最清楚自己什么时候需要鼓励。会自我鼓励的男孩,好比自己随身带了个急救包,可以随时打开,医治自己心灵的创伤。"扫帚不到,灰尘是不会自己跑掉的",化解恐惧情绪的目的还是为了解决问题,如果问题不解决,情绪还会越来越恶化。所以,遇到社交恐惧时,男孩只有面对问题,充分准备,勇敢、积极地解决问题才是正道。例如,男孩

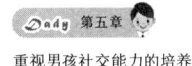

重视男孩社交能力的培养

不得不进行一次让他感到害怕的演讲,那么家长就要让男孩提前准备材料,书写提纲,预先练习;在走上讲台时深呼吸,进行自我鼓励,然后大胆地发言。随着演讲的进行,男孩可能发现,原来不过如此,并且从此之后,男孩可能变得热爱在大庭广众之下发言了。

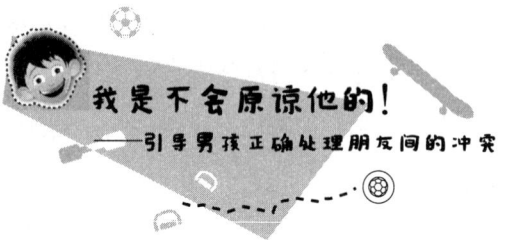

我是不会原谅他的！
——引导男孩正确处理朋友间的冲突

主人公：周启明，初中二年级学生，人际关系良好，学校篮球俱乐部成员。

妈妈：

小亮打电话来的话，你别接。如果你接了，也不要跟他说我去哪里了。我和他之间闹了点矛盾，他居然把我们之间的秘密告诉给了别人！在我生完气之前，我是不会原谅他的！

我着急去打球，晚饭不回来吃了！

启明

10月24日

重视男孩社交能力的培养

给您的建议

男孩之间磕磕碰碰、吵吵闹闹是常有的事情,尤其随着男孩的年龄增长,有了自己的人生观、世界观,性格脾气也容易冲动,吵架便成了很多男孩社交中会遇到的事情。

小凡读的小学是寄宿制学校,高年级的学生都是自己去食堂排队打饭。这天,吃饭时间,小凡看见一个陌生的同学插到了自己队伍的最前面,肚子很饿的小凡立刻就大声对他说:"同学,你怎么可以这样呢!"

"我怎么了?"那个同学一头雾水。

"插队啊!还问我怎么了!"饿着肚子的小凡没好气地说。

"我没有插队啊,我只是问问是不是在这里买!"那个同学很委屈地说。

"快到后面排队去吧。别吵了。"后面的同学劝着小凡和那个陌生同学。

下午上课的时候,老师居然把那个陌生同学领进了小凡所在的班级,原来他是新转来的。

自我介绍完了之后,老师让大家相互聊聊,认识一下。小凡思考再三,走过去对新同学说:"你好!今天中午对不起啊,误会你了。"

俗话说,伸手不打笑脸人,面对小凡的友好,新同学尴尬地笑笑:"你好!"

"今天中午我确实没想插队,但是因为我,确实也耽误了你吃饭的时间,真是对不起啊!"新同学主动对小凡道歉。

"我也有错,今天太冲动了……"小凡不好意思地笑了笑。

周末小凡回家,和妈妈说自己交了一个"不打不相识"的好朋友,妈妈非常赞同小凡的做法,夸他处理得好。

如果每一个男孩都像故事里的小凡一样,善于与人交往,化解矛盾,那么就不会发生类似于下面的悲剧了。

13岁的欢欢和林林下午放学后,两人因为琐事发生争执并扭打,学校老师获悉后对他们进行了批评教育。本以为事情就这样过去了,谁知,欢欢等在林林放学回家的路上,用事先准备好的小刀刺向林林的脸部。林林面部顿时鲜血直流。经医院诊治,林林的面部有一道长4.2厘米的伤口,另在右耳廓中段耳背处也有一道长2.2厘米的伤口。经鉴定,已构成轻伤。

男孩之间难免会发生冲突,如何引导男孩正确地处理冲突,是家长需要重视的问题。

找到事情的根本原因

哪个家长都不希望故事中欢欢和林林的悲剧发生在自家男孩的身上,那么,是什么原因造成了男孩爱吵架、喜欢用暴力解决问题呢?

第一,父母常吵架,男孩易粗暴。在一个家庭里,父母关系不好,经常吵闹,甚至大打出手,这样对男孩很不好,因为如果男孩经常接触家庭暴力的话,会理所当然地把暴力作为处理人际关系的手段。这样家庭中的男孩们往往不懂得使用宽容、协商的办法,而是遇到矛盾就采用暴力,以为只要声音更大、更凶就能取胜,以为打了别人就能解决问题。

第二,溺爱养成了男孩自私自利的性格。父母对男孩的教导方式同样会深刻地影响男孩。家长对男孩太溺爱,不仅会使男孩变得自私自利,也会使男孩在处理人际关系时变得只能占便宜不能吃亏。一旦男孩"吃了亏",他们会觉得特别委屈,想要找地方释放,暴力就是发泄方式之一。

看到冲突的好处

男孩与他人发生冲突之后,一些家长是怎么做的呢?有的退让,

怕自己的男孩吃亏,叫男孩不要与别人玩;有的大度,不计较对方的过错,只是责怪自己的男孩不好;有的呵护,与前者相反,不责怪自己的男孩,单方面埋怨别人的不是;有的计较,叫男孩不退让,以牙还牙……

凡此种种,家长总把男孩间的冲突看作是绝对的坏事,有的还克制不了自己,对男孩一顿训斥,甚至实施暴力。其实,男孩之间相互交往难免发生矛盾,处理冲突是男孩的"必修课"。男孩间发生一些小的冲突并非全是坏事,对男孩来说至少存在四个"有利于":

一是通过争辩、说理、争执,用较有说服力的完整语言来申辩自己的主张,试图说服对方,有利于发展男孩的语言表达能力和应变能力;二是能从对方反应的态度中,了解他人的感受,从中学会忍让、宽容和适应别人,有利于男孩克服以自我为中心的思维习惯,发展与他人的合作能力;三是通过争吵,让男孩的情绪得以宣泄,有利于男孩及时调整心态;四是通过发生矛盾,解决矛盾,重归于好,有利于男孩正确认识自我,调整自我,提高独立处理事情的能力,积累人际交往经验,学到平时无法学到的东西。

↑ 找出男孩吵架的原因

如果男孩吵架的后果不是很严重,家长不妨冷眼旁观,不急于制

止,研究研究男孩的吵架原因,然后对症下药。如果男孩爱计较,就要有意给他经历"吃亏"的事,让他慢慢调节自己的行为,学会宽容;如果男孩爱冲动,情绪急躁,家长要注意"冷处理",切忌以暴制暴;如果男孩爱打人,家长要从自己身上找原因,不要用打骂来替代教育,也要注意不要让男孩在攻击他人时尝到"甜头"。

↑ 尽量让男孩自己解决问题

让男孩自己解决问题,并不意味着家长可以放任不管。一些男孩能够处理的小问题,可以尝试让男孩自己处理,从而使男孩学会思考、分析问题,作出判断。在这个过程中,家长要特别注意的是,男孩解决问题能力的提高,不是突然的,而是渐进的过程。家长要耐心一些,要相信男孩处事的能力,要给予其自行解决问题的权利和空间。同时,家长还要起到"协助"的作用,如果一些问题男孩独自确实解决不了,家长可以旁敲侧击,比如"你们之间有了些误会,不如妈妈明天出去,你请他来咱们家里,你们俩好好谈谈",帮助男孩出谋划策,让男孩逐渐学会如何化解矛盾。

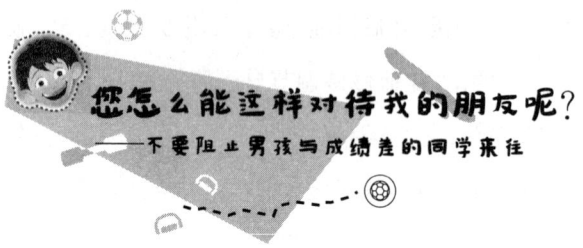

您怎么能这样对待我的朋友呢?
——不要阻止男孩与成绩差的同学来往

主人公：胡佳，小学六年级学生，成绩中等，人缘好，班里的体育委员。

妈妈：

您怎么能这么对待我的朋友呢?

今天，我的好朋友小白来找我出去玩，正赶上您在看我的试卷。这次考试我的成绩有所下滑，您挺不高兴的，一看有朋友来找我玩，还是一向成绩比较差的小白，就生气地说："玩什么玩，成绩不好还有什么资格玩？不在家好好补习功课，还到处乱窜什么，这马上就要毕业考试了！我要是学习不好，早就趴一边哭去了，看你们，一点事也没有，脸皮真厚！"

小白被您说的脸上一阵青一阵白，转身就走了。

我见小白的那个样子，想追出去看看他，您却说："我就是要把他

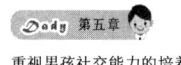
重视男孩社交能力的培养

气走,免得他以后再来找你,以后也不许你和他在一起玩。他学习成绩那么差,对你不会有什么好影响的!"

我发现您有时候真是不可理喻,一个人的好坏怎么能用分数来衡量呢?小白除了学习不好,什么都好!你不可以这样随意贬低我的朋友!

胡佳

9月30日

给您的建议

有不少父母总是会用异样的、甚至是很不友好的目光来看待男孩身边学习不好的朋友,有的还冠冕堂皇地搬出一大套理论来,比如"近朱者赤,近墨者黑"。这样的态度,对男孩社交能力的发展是很不利的。

中国青少年研究中心曾经做过一项调查,发现虽然72.6%的父母表示"希望男孩和他喜欢的人交朋友",但事实上,大多数父母却对男孩选择朋友有着严格的要求。81.6%的父母要求男孩选择学习好的同学做朋友,45.3%的父母会"为了学习,要求男孩减少与朋友的交往"。作为父母,应该怎样对待男孩的朋友,特别是成绩不大好的朋友呢?

↑ **明白男孩为什么爱和"差生"做朋友**

很多家长在心底会有疑问,为什么男孩那么喜欢和那位成绩不好的朋友来往?以下几个理由也许可以为家长解惑。

第一,对方的经历让男孩感到新鲜。用旅游来打个比方,人们永远对自己没有去过的地方更加向往。同样的道理,男孩对自己不可

重视男孩社交能力的培养

能拥有的生活也是充满了新鲜感,他们好奇自己没有经历过的事情,更愿意和与自己有不同经历的人交谈、相处。

第二,对方更能给男孩心灵的慰藉。学习成绩差、调皮捣蛋的同学经历失败的次数肯定比男孩多得多,他们已经"不怕挫折",男孩在遇到困难和挫折的时候,他们的话更容易让男孩的心灵得到慰藉,走出低潮。

第三,对方讲义气。学习成绩差、调皮捣蛋的同学大多很讲义气,虽然他们常常干些家长和老师不喜欢的事情,但大多为人仗义,愿为朋友"两肋插刀"。

男孩交友不一定看成绩

一位林姓家长说:"我很体谅那些所谓的'坏'学生。我儿子现在初二,他跟班级里一位学习成绩差的同学关系很好,经常在一起,有很多共同的话题。周遭的朋友都善意地提醒我,让我叫儿子别跟这位同学走得太近了。我想了很久,在和儿子聊天的时候,我顺便问起那位学生在校的表现。儿子说,他人很好,很讲义气。有一次在街上被小偷掏钱包,自己吓得不敢动弹,他居然当众打开小偷的手,狠狠白了小偷一眼,结果小偷灰溜溜地走开了。可以说,除了学习成绩不

好外,他没什么别的缺点……听后我无语,这样的男孩,我有什么理由让儿子不跟他交往呢?"

诚如这位家长所说,男孩更注重朋友的义气。多数男孩交友更注重在一起的开心程度,家长一定要明白,成绩好与否,绝不是男孩交友的唯一标准。

↑ 善待男孩的朋友

家长要充分认识"善待男孩的朋友就是善待男孩"的道理。形成朋友的原因是多方面的,有的是有共同的兴趣爱好,有的是性格脾气相近。交朋友的目的,并不都一定是为了提高学习成绩,有的是为了感情表达的需要,有的是为了互相帮助。但既然是朋友,就肯定有感情,有许多共同之处和共同语言。如果家长不能容忍男孩的朋友,就等于不能容忍男孩。正是从这一点说,家长如果不能善待男孩的朋友,就是不能善待男孩。家长不能太功利,不要认为男孩做一切都必须为了提高学习成绩。交友应该是广泛的,交友的目的也应该是多方面的,只要是正常的朋友,他们在相处和沟通过程中各自都能有所获得。

重视男孩社交能力的培养

要明白"三人行,必有我师"的哲理

孔子说:三人行,必有我师焉。这话说得非常好。每一个人都有自己的特长和优势,都有值得别人学习的地方。家长要明白,那些学习成绩不好的同学,有的具有其他方面的特长,比如篮球打得好,美术突出,或者是写一手好字,有一颗善良的心,等等。学习成绩好只是男孩的诸多优点的一个方面,他们只有广泛吸取不同类型同学的长处,才有可能成为一个全面发展的学生。因此,男孩与成绩差的同学不但可以交朋友,而且也应该交朋友,既是为了学习,也是为了相互帮助;从某种角度讲,还可以培养自信心。家长需要做的是教会男孩辨别,分辨出朋友哪些地方是值得学习的,哪些方面需要摈弃。

善待男孩的朋友要出于真诚

有些家长在对待男孩成绩差的朋友时,表现出"两面派"的作风:男孩的朋友在场时,让座、倒茶、请吃水果……显得非常客气;可是男孩的朋友一走,就警告男孩:"以后别跟他走得太近!"家长的这种做法,只会让男孩看低父母的形象,损害亲子关系。因此,父母对待男孩的"差朋友"要出于真诚,表现出友好的态度。

您陪朋友吧，我们改天去游乐园！
——让男孩学会站在"对面"看问题

主人公：王圻，12岁，小学六年级学生，大人眼中"懂事"的孩子。

爸爸：

中午您跟我说，周末的计划要更改。本来计划去游乐园的，因为您有朋友从外地过来玩，所以要陪朋友，下周再去游乐园。

当时我非常生气，直嚷着您没有信用，弄得您很为难。后来，妈妈跟我再次解释了一番，我也反思了一下，我没有站在您的角度来想问题，是我的不对。我想，您还是陪朋友吧，游乐园我们下周再去也是一样的！

王圻

3月4日

重视男孩社交能力的培养

给您的建议

汽车大王福特曾这样说过:"成功假如有什么秘诀的话,就是设身处地为别人着想,了解别人的态度和观点。因为这样不仅能得到你与对方的沟通和理解,而且可以更清楚地了解对方的思维轨迹,从而有的放矢,击中要害,成为成功者。"你的男孩能够站在对方的立场看问题吗?

心理学家塞尔曼认为儿童观点采择发展可以划分为以下阶段:

阶段0:自我中心的观点采择阶段(3～6岁)。此阶段的儿童不能认识到他人的观点会与自己不同,因而往往只按自己的好恶作反应行为。

阶段1:社会信息的观点采择阶段(6～8岁)。此阶段的儿童已能认识到别人的观点可能与自己相同,也可能不同,因而开始表现出对他人心理状态的关心。

阶段2:自我反省的观点采择阶段(约8～10岁)。此阶段的儿童认识到即使自己和他人得到同样的信息,观点也会有冲突,他们已能考虑到他人的观点,并预期他人的行为反应。

阶段3:相互性观点采择阶段(10～12岁)。此阶段的儿童不但能考虑自己和他人的观点,而且还认识到他人也会这样做,于是会从

第三者的视角来看问题,从而使观点的表达显得更客观。

家长可以看看自己的男孩正处于怎样的阶段,从而更好地锻炼男孩的人际交往能力。

↑ 让男孩秉持"你是对的"的态度

禅宗里面有这样一则脍炙人口的小故事,便蕴藏着这样的道理:

有两个小和尚平常就爱抬杠。有一天,两人又为了一点小事争论起来,愈说愈大声,最后吵得面红耳赤,谁也不服谁。

第一个小和尚气冲冲地跑去找师父评理。师父很有耐心地听完小和尚的诉说,淡淡地说:"你是对的。"

有师父这句话,第一个小和尚得意洋洋地回房去了。

不久,第二个小和尚也气冲冲地跑去找师父评理。师父也很有耐心地听完他的说明,照样淡淡地说:"你是对的。"

第二个小和尚也高兴地回房去了。

这时,一直在旁服侍老和尚的第三个小和尚忍不住开口说:"师父,您平常教导我们待人要诚实,万万不可做违心之论,可是我刚才亲耳听见您跟两位师弟都说对,恕我冒犯,您这样岂非在做违心之论呢?"

重视男孩社交能力的培养

师父对第三个小和尚的质疑,非但不生气,反而和颜悦色地说:"你是对的。"

第三个和尚入门较久,也比较有慧根,听师父这么说,立刻开悟,跪谢师父的棒喝。

由此可见,当每一个小和尚都固执己见,毫不相让时,就会争论不休。倘若能将心比心,站在对方的立场想问题,秉持"你是对的"的态度,争执心定会减少,彼此的摩擦也较易获得解决,这样才会有助于形成良好的人际关系。当然,这并不是说,男孩不能有反对他人的时候,一些问题对就是对,错就是错,只是如果能够在辩驳之前想一想"你是对的",就更容易与对方沟通。

教男孩"想人所想,理解至上"

换位思考的另一层意思,就是设身处地为他人着想,即想人所想、理解至上。人与人之间少不了谅解,谅解是理解的一个方面,也是一种宽容。

一天,一个年轻的犹太妈妈带着儿子去拜访朋友。

在公共汽车上,一位背着大包的青年挤进了车厢,妈妈被大包撞到了一边。

儿子关切地问:"妈妈,你没事吧?"同时,他恼怒地看了那位青年一眼,喊了一句:"太可恨了!"

年轻的妈妈看着儿子,说道:"可不能这么说,这位叔叔不是故意的。"这时,那位青年也连连向她道歉。儿子听到这些,惭愧地低下了头。

几天以后,妈妈早早下了班,她骑着车子来到学校,准备接儿子回家,结果发现儿子的手破了皮,血一滴滴往下流。妈妈心疼极了,赶快找来一些纱布,将他的伤口包好。然后就去问老师是怎么回事,老师也很纳闷,因为这位老师既没有看到男孩来报告,也没有听到男孩哭过。

妈妈不解地问:"为什么不告诉老师呢?"

他笑着说道:"妈妈,小朋友不是有意弄伤我的呀!为这事,他已经深感不安了,如果我再去告诉老师,他会更加自责的。"

妈妈听了非常高兴,他摸着儿子的头说:"好孩子,你已经学会了谅解别人。"

这位妈妈通过言传身教,在潜移默化中给男孩树立了一个好榜样——即站在他人的角度看问题。做父母的要让男孩知道,谁都会有被"冒犯""误解"的时候,如果能深入体察对方,站在对方的角度看问题,或许能达成谅解。一般说来,只要不涉及原则性问题,都是可

重视男孩社交能力的培养

以谅解的。谅解是一种爱护、一种体贴、一种宽容、一种理解。反之，如果对此耿耿于怀，心中就会有解不开的"疙瘩"。

↑ 与男孩互换角色

互换角色可以让男孩较快地学会站在他人的立场看待问题。家长可以与男孩经常开展互换角色的游戏，让男孩扮演父母、老师、农民、警察……各种不同身份、职业的角色，引出他们"假如我是父母""假如我是××"的话题，让男孩站在别人的立场上，组织语言、组织行为，说出他们心里的感受。在"角色换位"结束后，家长可以针对男孩的表现进行疏导与教育，使他们了解父母、老师、农民等的辛苦，体谅别人的心情，了解他们对社会的作用等。

主人公：袁珏，高中生，喜欢独处，不合群。

爸爸：

您别再逼我去和同学打球、看电影什么的了。我不需要朋友，我就喜欢一个人待着！

我身边的同学都不了解我，无法知道我心里在想些什么，很多时候我和他们玩不到一块儿，还不如自己一个人看看书，写写东西。

不和你多解释了，反正你也不理解。

袁珏

11月9日

第五章 重视男孩社交能力的培养

给您的建议

人是社会性的动物,把自己封闭起来,不与人交流当然是不对的。家长如何帮助自己孤独自封的男孩走出困境呢?

↑ 找到男孩孤独自封的原因

男孩的孤独自封主要由以下原因引起:

第一,从小生活在缺少温暖、爱和理解的环境中。孤独自封的男孩一般从小就生活在缺少温暖、爱和理解的环境中。家长因为工作繁忙或心情不佳,很少关注到男孩的心理需要,忽视了男孩对温暖、亲情、关怀和爱的渴望。在这样的家庭中生活,男孩心理上形成了一种防卫机制,与人接触时,会不由自主地产生厌烦、鄙视、猜疑和戒备,久而久之形成了孤僻的性格。但这并不等于说,备受父母关爱、在家长精心呵护下长大的男孩就没有孤独感。恰恰相反,一些在优越的家庭环境中长大的男孩,因为从小受到父母及其他亲人无微不至的关怀,养尊处优,几乎任何一个要求都会得到无条件的满足,走进学校和社会后,更容易产生困惑和恐惧心理。他们中的有些人采取逃避的办法把自己"保护"起来,从而逐渐走向孤独。

第二,性格内向,习惯于独处。性格内向,习惯于独处的人平时更多地关心和重视主观精神方面的需要,其心理活动多半指向自己的内心世界,常常生活和沉浸在自我天地里,不愿接触外界的人和事,对外部的影响采取回避和抵制态度,对社会交往和人际关系没有兴趣,不善或不愿去关心、帮助别人,因而也常常得不到别人的温情和理解。

第三,自我意识觉醒。随着男孩逐渐长大,他们的自我意识逐渐觉醒,开始重新认识和评价自己,心理上常出现一种动荡不安的状态。他们希望了解自己,更希望别人也能了解自己;希望得到别人的理解和友谊,但又害怕得不到。他们略显幼稚的思想和行为往往使父母和老师仍然把他们看成男孩,可他们却自认为无论哪方面都已经成熟了。这种认识上的不协调,使他们感到"没有一个人了解我",时常处于不宁静和无依无靠之中。这种心理如果长期得不到疏导,就可能固定下来,形成孤独自封的性格。

引导男孩走出孤独自封的困境

家长应该怎样对待孤独自封的男孩呢?

第一,别让男孩生活在封闭的环境中。当今社会,城市居住的现

代化使许多人搬进了高楼,而一户一门的高楼容易给男孩造成封闭的环境。因此,应允许或鼓励男孩从高楼走下来到庭院之中,与邻居或附近男孩交往,建立友谊。

第二,培养男孩广泛的兴趣和爱好。孤独自封的男孩往往兴趣狭窄。如果兴趣广泛,男孩便能在自己喜欢的有意义的活动中寻找乐趣,充实生活;当一种活动不能满足男孩自己的需要时,还可以进行另一种活动。另外,男孩会遇到有共同的兴趣和爱好的人,这样会让他们容易广泛交友,这是治疗孤独自封的良药。

第三,尽量让男孩多参加集体活动。集体活动包括和邻居一起做作业、班级统一组织的文体活动、同学生日会、欢送老师,等等。让男孩从集体活动中体验友谊、关爱与温暖。不过在让孩子参加活动的时候要注意方式方法,别让男孩感到"被强迫",这样反而会适得其反。

第四,营造温馨的家庭气氛。对于孤独自封的男孩来说,温馨的家庭气氛格外重要。父母要让男孩感受到家庭的温暖,让他知道,无论如何,家的大门始终为他打开。当然,家长也不要给男孩"太多"的关心,否则物极必反,男孩反而会提起防御之心,要给男孩一定的自由,让男孩慢慢改变。

——男孩被同学认为"爱出风头"怎么办

主人公：杨宇，初中生，成绩好，能力强，老师的"得意门生"。

妈妈：

我今天又受到了老师的表扬，可是我并不开心。

老师在班会上表扬我："杨宇同学在双休日主动帮助孤寡老人，这里是几位老人联名写给他的表扬信，大家鼓掌！"班会课上老师大声说。

全班响起了稀稀落落的掌声，也响起了叽叽喳喳的讨论声。我听见同学说：

"又是他，他怎么这样啊？整天就知道'现'……"

"肯定是为了图表扬，喊……"

"好像全班就他有爱心……"

我没想到自己做好事，居然成为了"众矢之的"。我很迷惘，难道自己真的做错了？

小宇

6月8日

第五章
重视男孩社交能力的培养

给您的建议

为什么会有人认为男孩"爱出风头"呢?这要从自我意识说起。

自我意识是指人对自己的身心、行为以及自己与他人、自己与社会的关系的意识。自我意识包括许多要素,主要有自我认识、自我体验、自我调控等,它直接关系到男孩身心的健康发展。

随着男孩的自我意识逐渐增强,当男孩主动做一些有益的事情时,他们渴望被人理解,渴望得到老师的表扬和同学的肯定,这样,他们就可以在精神上得到较大的满足。如果老师不表扬,同学不肯定,反而风言风语,他们会感到很无助,很迷惘,会觉得受到了伤害,他们甚至有可能为此再也不做好事,反而去做坏事。

然而,部分"爱出风头"的男孩热心帮助同学,积极做一些公益事情的行为,对他人或许就是一种压力。不愿这样做的人,就会从目的上来否定男孩,这正是他们寻找心理平衡的一种方式。

"主观的我"和"社会的我"存在差距的原因是多方面的。它的产生可能是由于一方或双方认识不全面、不客观,或掺杂偏见及私心杂念,也可能是由于彼此评价是非的标准不同。遇到这种情况,很多男孩往往会很矛盾,很迷惘,像迷途羔羊,不知如何是好。

那么,家长该如何帮助男孩呢?

⇑ 让男孩勇于面对现实，坚持正确的评价

家长要让男孩意识到"主观的我"和"社会的我"不一致的现实性，告诉男孩，即使是成年人，对他人行为的评价也会不一，更何况是还不成熟的男孩，因此，不可能一个人做得很对，大家就异口同声地叫好。其次，家长要帮助男孩认识到，人们的认识水平和道德标准不一，评价不一是正常现象，只要认为是对的，就坚持去做，"走自己的路，让别人去说吧"！

⇑ 帮助男孩自我解剖

如果男孩的自我评价与大多数人的评价不一致，就要帮助男孩勇于解剖自己。人们往往会有一种对良好品质自我夸大，对不良品质有意忽略的倾向。如果是男孩的自我评价不正确，就要勇敢地修正男孩的观点并鼓励男孩改正自己的行为，使男孩的认识和行为向社会要求的方向发展。

教给男孩一些方式方法

做事要注意方式方法,否则往往不能收到很好的效果。家长可以教给男孩一些方法,比如尽量不要单枪匹马去做好事,不如约几个好友一同去,那样,如果有人讽刺男孩"爱出风头",就是讽刺几个人。人多了胆子自然就大,抵御流言的能力也就更强。

我该原谅中伤我的朋友吗?
——鼓励男孩做一个宽容大度的小绅士

主人公: 唐英,小学六年级学生,班干部,人际关系良好。

爸爸:

今天我无意中听见好朋友林林在和其他人说我的坏话,说我被选为副班长"有猫腻"。我很震惊,这根本是无中生有。我一向把林林视为知己,没想到他背后会这么对我!

放学的时候,林林照旧和我一起走,说想上我家和我一起写作业。我拒绝了他,并且一路上没有和他说话。

爸爸,您说我该怎么办?该和林林摊牌,大吵一架,还是该原谅他?和他摊牌、争吵的话,朋友肯定是做不成了,可是就这么原谅他,我又不甘心……真让人为难,您帮我出出主意,好吗?

唐英
10月9日

重视男孩社交能力的培养

给您的建议

富有宽容心的男孩往往心地善良,性情温和,惹人喜爱,受人拥护;而缺乏宽容心的男孩往往性情怪诞,易走极端,不易与人亲近,因而人际关系往往不好。怎样才能让男孩拥有一颗宽容的心呢?

☝ 让男孩理解人人都有缺点

金无足赤,人无完人,有缺点和不足乃是人性的必然。男孩与朋友一起相处时,有的人粗心,有的人不拘小节,有的人……与这些人发生一些不愉快时要让男孩知道人人都有缺点,理解他人、宽容他人很重要。比如信中的男孩,他的"知己"在他背后说坏话,家长可以让男孩平复心情,理解人人都有缺点,不要冲动地与其"断交"。同时建议孩子开诚布公与朋友谈一谈,如果朋友说的"坏话"确实是男孩存在的缺点、不足,就应该坦然接受;如果是子虚乌有的事情,那么应该化解误会。

宽容的品性不是听出来、说出来的,而是在交往活动中培养出来的。男孩在与同伴的交往过程中,会发现同伴的优点和缺点,在赞扬同伴的优点时,会感受到同伴的喜悦;在原谅同伴的缺点时,会体验

到宽容的快乐。

⇡ 父母要起表率作用

人们常说,父母是男孩的第一任教师。男孩的良好品格能否养成,与家长的言传身教关系很大。心理学研究发现,男孩的很多行为习惯甚至态度和价值观都是通过模仿父母而习得的。因此,父母们必须经常问问自己:我的一言一行是否给男孩树立了好的榜样?

在少年宫的大厅里,一个满脸歉意的老师正在安慰两个男孩——小方和小杰,饱受惊吓的两个男孩已经哭得筋疲力尽。

原来是这样,那天参加少年宫绘画班的孩子特别多,老师带着孩子们去少年宫的树林里画大树。这个老师一时疏忽,在绘画课结束后,少算两个人,将这两个男孩遗留在了树林里。等她发现人数不对时,才赶快跑到小树林,将那两个男孩带回来。男孩因为被丢在偏远的小树林,受到惊吓,哭得十分伤心。

不久,小方的妈妈来了。

小方的妈妈看见了自己哭得惨兮兮的孩子,问明了事情的原委,便蹲下来安慰般地亲了亲小方,然后很理性地告诉她:"已经没事了,那个老师因为找不到你而非常紧张,并且十分难过,她不是故意的,

重视男孩社交能力的培养

现在你去亲亲那个老师的脸颊,安慰她一下。"

乖巧的小方踮起脚尖,亲了亲蹲在他身旁的老师的脸颊,并且轻轻地告诉她:"别难过,已经没事了。"

老师感动极了,说:"是老师不对,下次绝对不会再发生这样的事情了。"

妈妈起身对老师说:"孩子没出什么事儿,再说你也不是故意的,没关系,你快回去工作吧,我们走了!"说完便带着小方往回走。小方边走边挥手,说:"老师,明天见!"

不一会儿,小杰的妈妈来了。

小杰的妈妈可没有那么"好说话",看到受了伤害的孩子,小杰的妈妈立刻失去理智,情绪失控,感到非常愤怒,疾声厉色地痛骂了相关工作人员一顿:"你们这些老师是怎么管孩子的,这么不负责任,还配做老师吗?"

挨骂的老师低着头,不吭一声。

"我要见你们的领导!"小杰的妈妈见跟这个老师吵不起来,便打算向主管领导提出抗议。

主管领导面对这种情况,连连道歉。

"道歉有用吗?说吧,我孩子遇到这样的事情你们有什么补偿?"小杰的妈妈咄咄逼人地问道。

经过一番讨价还价,最终少年宫决定免去小杰半个学期的学费。小杰妈妈得到"补偿"后,满意地将小杰带走了。

从上面的小故事中我们不难发现,小方的家长在教育男孩时,能够从长远发展角度出发,善于利用各种机会促进男孩美好人格的形成。她明智地选择这样的教育方式,是为了培养出宽容和体贴的男孩。而有的家长本身就"得理不让人"——故事中小杰的家长就是如此,只从自己的角度考虑问题,经常在男孩面前埋怨亲人和朋友,或隔三差五与人发生激烈的争吵。久而久之,男孩耳濡目染,逐渐也学会了,只要觉得自己有三分道理,就大哭大闹不止,或者要求别人向自己道歉,或者要报复和惩罚别人,或者希望得到食物、玩具等各种形式的补偿,慢慢变成了一个心胸狭窄、自私自利的人。那么这个男孩不会有良好的人际关系,容易被孤立,做事易怨天尤人,会遇到更多挫折而痛苦不堪。

♤ 正确对待男孩与同伴之间的冲突

当男孩与同伴发生纠纷,特别是自己的男孩"吃了亏"时,家长一定要冷静,要先搞清事情的缘由,再与对方家长协商解决,切不可冲动地责骂对方,或怪自己的男孩笨、没本事,甚至教自己的男孩用拳头去"还击"对方。家长要明白一个道理:在漫长的人生道路上,人与人之间的摩擦冲突是不可避免的,冷静处理才是上策。父母在男孩幼年时处理问题的方法,会给男孩留下深刻的印象,对男孩一生影响极大。

我从来都是说到做到!
——让诚信成为成就男孩一生的"品牌"

主人公:薛洋,10岁,小学四年级学生,性格活泼,聪明好动。

爸爸:

我说到做到,已经一个星期没有看电视了。

上周,本来答应您照顾好黄金鼠的,可是因为我贪玩,忘了给黄金鼠喂食、喂水,导致黄金鼠得了重病。所以,我甘愿领罚,承诺您一个星期不看电视。

现在,一个星期到了,我兑现了承诺,也希望您不要再生我的气了。

薛洋

5月9日

第五章
重视男孩社交能力的培养

给您的建议

诚信是一个人品格的基石。一个讲诚信的男孩总是显得格外有魅力,无形之中就为自身多加了几分。当然,这种品质也需要从小培养。做父母的要想让自己的男孩变得出色一些的话,就一定要帮男孩养成诚信的品格,让男孩拥有一座无形的财富城堡。

小艾是个9岁的小男孩,却总爱撒谎,说话不算数。暑假作业都拖了半个多月了,可他还是一个字都没动,为此,妈妈感到很头痛。

妈妈每天上班之前,都要给小艾安排一些学习任务,并千叮咛万嘱咐。小艾也是满口答应。以他的速度一个小时就能全部做完,可每次妈妈回来,他都说:"妈妈,我忘了做了。"妈妈问他忘记的原因,小艾也是每次都以玩得过头了为借口。每次妈妈都很严肃地告诉小艾:"你这样说话不算数,我很不高兴,以后不能再这样了。"看到妈妈生气了,小艾又会马上答应:"妈妈,您放心,我明天一定完成学习任务。"可是没两天,小艾依旧那样,依旧会找借口。面对这样的儿子,妈妈都不知道该怎么办了。

相信每个父母都希望自己的男孩是个讲诚信的男孩,但是,许多男孩却是说的一个样,做的另一个样,极其不守信用。面对这样的男孩,父母该怎么办?当然,训斥甚至是惩罚,肯定是不管用的,这样做

的结果只能加剧男孩撒谎的程度。家长可以参考下面几个建议:

↑ 对男孩的说谎行为不能姑息

说谎会成为习惯。家长对于男孩的说谎行为要严肃对待,认真处理,不能姑息。

宋刚有一次考试回到家,妈妈问:"儿子,这次考试考了多少分?"

宋刚犹豫了一下,马上说:"成绩还没出来呢!"

妈妈从儿子犹豫的眼神中已经看出他在撒谎,所以又补充了一句,"真的没出来还是你考得不好不敢说?"

宋刚神色慌张,但还是肯定地说:"真的没出来!"

宋刚一再坚持,妈妈也就没再追问了。

可是,当妈妈给宋刚洗裤子时,发现他的口袋里有已被揉成团的卷子,妈妈一看,成绩只有 78 分。当时妈妈很想发火,但是她强压怒气,因为她知道,要给孩子机会,宽容孩子,允许孩子犯错。她想等待宋刚自己向她承认错误。

一个星期后,妈妈再次问宋刚考了多少分,宋刚还是说"成绩没出来"。这时候妈妈把宋刚叫过来,问他:"为什么不说实话,要欺骗父母?"而且告诉他撒谎做错事,必须接受处罚,那就是一个月之内没

第五章 重视男孩社交能力的培养

有零用钱,而且还要扫一个星期的地;如果以后还继续撒谎的话,所有的课外书都得没收。这样,宋刚第一次受到了妈妈的处罚,也明白了只要犯了错误就要承认,无论是故意的还是无意的。

面对男孩的有意撒谎,父母一定要严肃对待,不能姑息,因为也许姑息了第一次,就可能会有第二次、第三次,甚至更多,要让男孩明白撒谎是不好的行为。

⇧ 对男孩的诚信行为给予鼓励

在生活中,对于男孩的诚信行为,家长要支持且给予鼓励。

有一次,爸爸要带小苗去动物园玩,这可是小苗很早就期盼的了,但小苗拒绝去了。

爸爸有点生气,问道:"你不是早就想去动物园看老虎了吗?"爸爸感到很奇怪,"今天我好不容易有点时间,你怎么又不去了?"

"爸爸,我今天约了隔壁的小军到咱家玩。"小苗有点难为情,"已经答应人家了,不能说话不算数啊!"

听了小苗的解释,爸爸冲小苗竖起了大拇指:"真是好儿子!你今天先和小军玩,爸爸下个星期带你去!"

在男孩守诚信的时候,父母要及时给予肯定和夸奖。这时候的夸奖,能够有效强化男孩更加诚信,使诚信变成男孩的内在品德。

——指导男孩用平常心与异性相处

主人公：董路，高中一年级学生，成绩好，"帅气"，是许多女生心中的"白马王子"。

爸爸：

想跟您请教一下，您上学时是怎么跟异性相处的？

刚进入这个高中的时候，我和同学们打成了一片，尤其是男同学，关系处得很好。可是后来，大家都觉得班级里的"班花"似乎对我"有意思"，一些同学就开始对我疏远，还怪声怪气地跟我说话，比如"你是'班花'瞧上的人……"之类，弄得我很头疼，现在我连其他女同学也不敢随便接触了，就怕再引起误会。

这样好累啊，您能教教我怎么做才好吗？

董路
2月9日

重视男孩社交能力的培养

给您的建议

为什么董路会被男同学疏远？木秀于林，风必摧之，这是古往今来的一个定律。董路刚进入高中时，大家都愿意和他在一起，他有很多好朋友，可是他被"班花""看上"，导致"众叛亲离"。正处在高中的董路正值青春期，异性交往必不可少，但也最容易滋生问题，稍不注意交往的分寸，就很容易成为众矢之的。

那么，男孩在与异性交往时，家长要特别提醒男孩注意些什么呢？

要自然适度

在与异性交往的过程中，言语、表情、行为举止、情感流露及所思所想，要做到自然、顺畅，既不过分夸张，也不闪烁其词；既不盲目冲动，也不矫揉造作。消除异性交往中的不自然感是建立正常异性关系的前提。像对待同性同学那样对待异性同学，像建立同性关系那样建立异性关系，像对待同性交往那样进行异性交往。同学的关系不要因为异性的加入和存在而变得不舒服或不自然。男女生交往要理智从事，注意自尊自爱，言谈举止做到文雅庄重，不宜过分亲昵，也

不宜过分冷淡。

↑ 要注意交往的场所和方式

异性交往应该以在集体活动中交往为主要方式,因为集体活动的场所、气氛和方式更容易消除男女生交往羞怯感,更有利于同学们丰富感情、发展个性。集体交往的形式丰富多彩,如唱歌、游戏、竞赛等,都是不错的选择。

↑ 要消除羞涩感

在异性交往过程中,男孩要做到态度诚恳,自然、顺畅,要注意消除异性间交往的不自然感。不要哗众取宠,卖弄自己见多识广;也不要有意显示自己大方,在异性面前摆阔气,贬低同性同学等。

↑ 要留有余地

在交往过程中,男孩言谈举止要留有余地,不能毫无顾忌。比如谈话中涉及两性之间的一些敏感话题时要尽量回避,交往中的身体

重视男孩社交能力的培养

接触要把握好分寸,不能过于轻浮,也不要过于拘谨,更不应过分随便。男女毕竟有别,有些话题只能在同性之间交谈,有些玩笑不宜在异性面前乱开,这些都需要注意。

第六章
男孩应具备这些生存能力

人生的第一要素就是生存,联合国教科文组织为21世纪提出的教育口号是"学会生存"。生存能力对于男孩来讲尤为重要。家长也应该舍弃短视、功利、肤浅的教育方式,把爱孩子的眼光放远一些,在日常生活中注意培养男孩的生存能力,让孩子将来能成为一个坚强的男子汉,以适应日益激烈的社会竞争。

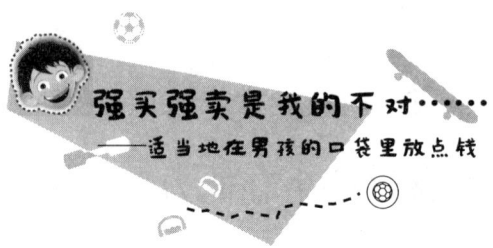

强买强卖是我的不对……
——适当地在男孩的口袋里放点钱

主人公：陈亮，小学四年级学生，班长，头脑灵活，但时常"聪明反被聪明误"。

爸爸：

我错了。您昨天已经严厉地批评我了，这是我写给您的保证书。

我利用班长的职权，对同学"强买强卖"是非常不好的行为。我把不干胶、小画片和漫画书等高价卖给同学；又强迫同学把我想要的文具、光碟、玩具或图书等低价卖给我……更严重的是，我向一个小摊贩"赊购"了200多元钱的小食品和其他东西……

我做的这些错事，被同学们告发给老师以后，老师撤了我的班长一职，还让我把钱、物退还。我知道错了。平时你们不给我零花钱，我看上了一套探案游戏书，说了好几次你们都没同意给我买。我是因为太想要赚钱买书了，才走了"歪门邪道"……

我保证以后不犯这样的错误了，请您原谅我！

小亮
3月23日

男孩应具备这些生存能力

给您的建议

信中的主人公小亮因为太想赚钱而走了旁门左道,吃到了苦头。其实这是因为没有人教给他一定的理财知识,让他懂得如何用钱、如何赚钱,才导致了最终的结果。理财是人生的重要一环,它不仅是成人必备的,也是男孩不可或缺的课程。父母留给男孩真正的财富不是钱,而是理财的方法。当今的学校教育对于男孩财商的培养少之又少,所以重任就落在了家庭教育的肩上。正确的金钱观和理财方法,会成为男孩未来事业、生活的好帮手。

那么,如何让男孩学会理财呢?就从男孩的零花钱开始吧!

零花钱的定义

什么是零花钱?零花钱就是孩子根据自己的判断,可以自由支配的钱,这里面不包括买文具或书等已经规定好用途的钱。这一点非常重要。很多家长喜欢偷换概念,"装模作样"给男孩好几百的零用钱,可是这些钱男孩不仅要买文具、买书,有时候还要支付一些学校费用,比如班费、饭费等。这样做,是不能真正让男孩体会到零花钱的意义的。

↑ 零花钱的重要性

零花钱教育在男孩的一生中格外重要,管理零花钱的能力将成为男孩日后能否独立担负家庭生活的基础。然而,如此重要的零花钱,许多家长并没有真正了解它的重要性。根据调查,像上面信中主人公小亮的父母一样,不给男孩零花钱的家庭有一半之多!家长也有他们的道理,其中,持"零花钱无用论"的父母认为,男孩需要的东西父母都帮着买了,还需要什么钱!持"时机尚早论"的父母认为,男孩还小,不懂得钱的意义,等他们日后具备管理金钱的能力时再给也不迟……然而,事实往往与家长们想象的不一样,小亮不就是最好的例子吗?男孩绝不可能如父母所期待的,突然有一天就可以熟练地掌握、管理金钱。唯有搞好零花钱教育,才能让男孩慢慢学会理财。调查结果也显示,有零花钱的男孩管理金钱的能力远远超过没有零花钱的男孩。因此,家长一定要重视零花钱,无论额度多少,都必须给男孩零花钱。

↑ 父母给零花钱的原则

当男孩还小的时候,对金钱的概念是很模糊的,只知道五个一元

男孩应具备这些生存能力

比一个一元多,但等他们稍微长大一点,他们就明白金钱的"价值"所在了,因为它可以满足男孩许多的欲望!男孩的零花钱究竟该怎么给呢?如何才能做到"适当"?针对男孩的性格特点,给他们零花钱时需要特别注意些什么?这些重要的问题都需要家长理智地来思考。

第一,何时开始给男孩零花钱?孩子年龄不同,对金钱、数字概念的认知不同,所以家长给男孩零花钱时,应先考虑男孩成熟度及需要。对5岁以下的男孩而言,零花钱的意义并不大;6岁左右的男孩,则可考虑给予他小额的零花钱,让他学习金钱的运用及了解金钱的价值;对7~8岁的男孩来说,金钱已较具有意义,可以开始按一定规律给男孩零花钱。

第二,举行一个郑重的"仪式"。父母在第一次给男孩零花钱的时候,不妨为男孩专门举行一个郑重的"仪式",告诉男孩,这是他成长过程中的一个重要时刻,意味着父母对他成长的肯定,以及信任和尊重。这样会激发出男孩骨子里的一种责任感和使命感,会对零花钱更加重视,并且在使用的时候也会想到父母对自己的期望。

在"仪式"的进行过程中,家长可以把零花钱、钱包、储蓄罐三样东西一起交给男孩,简单地告诉男孩,钱包里可以放一些零用的钱,储蓄罐则用来储蓄一定数量的钱。这会让男孩在一开始就有合理分配钱财的观念。等到以后有机会,家长再结合实际情况详细告诉男孩如何精明地花钱、明智地储蓄。

第三,固定发放零花钱的日期。在给男孩零花钱的过程中,家长最好在每个月或每个星期固定的日子发放,这样做可以使男孩"心中有数",更容易养成计划性用钱的好习惯。建议家长在每个星期天晚上或星期一发放零花钱。因为如果家长在星期五发给男孩零花钱,这些钱极有可能在周末就会被全部花掉。

另外,如果可以的话,最好由同一个人给男孩发放零花钱,并且监督男孩零花钱的去向。这样男孩就不必向每个人都"汇报",这也是防止男孩乘机多要钱的办法之一。

第四,最好以硬币或零钱的方式给男孩零花钱。在给男孩零花钱的时候,家长最好兑换好硬币,或者一些小额的零钱,这样对于男孩——尤其是性格比较冲动、不太善于自我约束的男孩们,能使他们更清楚自己手里有多少钱,不至于一下子就把钱全部花出去。另外,孩子们也可以很容易地把这些硬币、零钱分别放到储钱罐和钱包里。

♂ 给男孩零花钱的额度适当就好

究竟该给男孩多少零花钱,家长可根据每个家庭的经济状况和

男孩的实际需要而定,大原则是——适当就好。零花钱太多会造成男孩习惯用金钱达到任何目的,但太少会让男孩没有支配感,那么,怎么把握这个度呢?和男孩协商是最好的方法。

多数父母都是根据自己的个人经验来单方面决定零花钱额度,没有听取男孩的意见。但是,要想搞好理财教育,和男孩一起讨论零花钱的金额才是正确的。根据调查,与父母一起讨论决定零花钱金额的男孩,在使用零花钱的时候会做预算、记账,并合理消费。

丁丁进入十岁,爸爸和妈妈就孩子零花钱数量与他进行了商量,最后将每月基础零花钱定为50元。这个数字是这样来的:

爸爸妈妈自己先预估了孩子每个月大致需要多少钱——每个星期儿子要参加小提琴、英语两个培训班,培训班学习都是孩子自己赶车来去,一个星期来去的路费8元,四个星期32元,四个星期买零食等自由花费大概是十几元,所以他们认为,每月零花钱50元左右是合适的。

当爸爸妈妈"心中有数"之后,就让孩子自己提出需要多少零花钱。丁丁听到自己可以要求零花钱,很兴奋,于是没头没脑地要了30元——在他的眼里,可以自由支配30元已经非常满足了。

爸爸妈妈当然知道,30元是肯定不够的,于是让丁丁自己进行了简单的计算,发现光车费就要32元。于是丁丁开口就要了60元。

这个数字超过了爸爸妈妈的预期,于是爸爸妈妈询问丁丁打算如何使用这剩下二十多元的零花钱。丁丁说不出个所以然来,于是双方讨论,暂定金额为 50 元,如果丁丁有额外的用钱需要,可以申请追加。

丁丁的爸爸妈妈做得非常好。零用钱既然是给孩子的,那么给多少最好是和男孩一起讨论、协商,这既培养了男孩的理财能力,又让男孩体会到了平等与尊重。

教给男孩赚钱的好方法

当男孩零花钱不够用的时候,家长可以给男孩一些赚钱的小建议。对于上学的男孩来说,打工赚钱是不现实的,但是做一些适当的储蓄,获取利息,或者是"家庭贷款"(向父母贷款,以后逐月还)等,都是一些让男孩"赚钱"的好方法。具体方式,家长可以针对不同的家庭情况来自己制定。

男孩应具备这些生存能力

我把厨房弄得一片狼藉……
——有意识地锻炼男孩的动手实践能力

主人公：扬帆，小学五年级学生，家中独子，尤其被母亲宠溺。

妈妈：

今天我回到家以后肚子饿，想自己动手炒个鸡蛋吃。我完全是按照您教给我的方法炒的，可是不知道怎么回事，鸡蛋炒得黑糊糊的，而且粘在锅底。我着急把鸡蛋盛出来，谁知不小心打翻了酱油瓶……

我想把厨房弄干净，可是鸡蛋糊在锅底，怎么也刷不掉。酱油倒是好擦，地上的我都擦掉了，可是窗户上的很难擦，可能是有油渍的关系……

现在厨房里一片狼藉。您今天夜班，希望您下班后看到厨房的样子别吓一大跳，等明天您教教我怎么收拾，然后我再弄干净它！

扬帆
11月9日

给您的建议

无论一个男孩的学业成绩有多好,实践能力的培养都是不可或缺的,因为平面的书本知识过渡到立体的现实生活是非常不一样的。有人做过这样一个实验,问几个男孩同一个问题:"一块豆腐切三刀,切成8块,怎么切?"男孩都拿出纸笔去画,三条线画来画去最多能切七块。实验者找来一个家庭主妇,她毫不犹豫地把手一挥,做出菜刀的样子,画了个十字,然后从侧面中间一剖,解决了这个问题。其实,男孩都知道2的立方是8,可实际生活中应用时却忘了豆腐是立方体了。难怪我们中国有句俗语叫"手巧心更灵",所以,培养男孩的实践能力是非常重要的。

自从李时珍立志从医后,他就阅读了大量的医书,特别是关于"本草学"的书。每读到这些书,他总是精神百倍,废寝忘食。他读书时特别喜欢用实践来证明药书上的说法,也可以说,他只相信实践。

一次,他读到药书上说柴胡和麦冬可以治寒热,可以润肺。李时珍就故意让自己咳嗽发烧,然而用了这几味药,却没有什么效果,后来用了黄芩才治好。李时珍想,黄芩为什么能治好这样的病呢?过去的药书上没有提到过,还有待研究和补充。

李时珍在读书与实践过程中,发现了不少医书的错误。他决定

编订一本新的医书,把这些错误的内容删掉,加进自己实践后得到的正确结论。

他和父亲商量这件事,老人对他说:"修订本草是一项浩大的工程,要耗费大量的财力、物力和人力,这不是个人能办到的。"父亲想到编订本草的难度,所以不赞成他的想法。社会上的一些人听说他要重修本草,都不屑地说:"擅动古人经典,简直狂妄至极。"他虽得不到别人的支持,但病人痛苦的神情却不断出现在他的眼前,他著书的理想更加坚定了。

李时珍阅读了浩如烟海的书籍资料,做了大量的准备工作。之后他走出书斋,穿上草鞋,背起药筐,拿起药锄,带上记录纸,起早贪黑,不辞辛劳地投身到大自然中,投身到人民中去。他边走访,边记录,不畏严寒酷暑,不怕山路艰险,翻山越岭,足迹遍及湖北、河南、河北、安徽、江苏、江西等地。他不耻下问,在祖国各地的山野中,在群众智慧的海洋里,获得了广博的医药知识。

功夫不负有心人。在将近三十年的发愤读书、辛苦实践的磨砺后,产生了我国药学宝库中的一颗闪亮的明珠——《本草纲目》。《本草纲目》在李时珍逝世三年后正式出版,问世不久,便得到广泛流传;还先后被译成日文、拉丁文、德文、法文、俄文、英文、朝鲜文等多种文字,被誉为"东方医学巨著"。

实践出真知。目前,很多学校都开设了"综合实践课程"作为必修课程,把培养男孩具有初步实践能力作为新课程的重要培养目标。学校已经开始"行动"了,家长在家里也要重视男孩的实践能力。

家庭中如何锻炼男孩的动手实践能力呢?从生活细节出发吧!

↑ 给男孩实践的机会

现在大多数男孩都是独生子女,是父母的心肝宝贝。男孩处处都处在父母的关心保护下,甚至生活的一切都是父母代办了,男孩唯一的任务就是读书。殊不知,无论男孩在什么年纪,总有一些可以自己做的事情。家长要给男孩实践的机会,凡男孩能做的事尽量让男孩做,以免男孩长大以后在实践方面的能力有很大的缺失。

↑ 对待男孩的实践行为要宽容

男孩依然只是孩子,他们的实践活动仍然会带有冲动性、探索性,因此,很有可能在实践的过程中产生一些负面的结果。比如,把妈妈刚整理好的书房弄得乱七八糟,把爸爸新买的花瓶打碎了,等等,甚至产生一些成人眼中的错误行为。面对这样的男孩,家长一定要记得宽容一些,不要动辄训斥男孩。因为训斥只会加剧男孩的逆反心理,抹杀男孩实践的愿望。

给男孩必要的帮助

在男孩实践的过程中,他们会遇到很多挫折、不解,这时候家长一定要给予男孩关怀、帮助、鼓励。历史经验告诉我们,不少发明家小时候就有爱动脑、爱动手的良好习惯,同时与家长的关心支持也是分不开的。作为父母,应该对男孩的实践活动给予必要的精神和物质方面的帮助。当男孩萌发实践愿望时,应积极引导,鼓励帮助孩子。

妈妈,别忘了给我准备明天的衣服!
—— 锻炼男孩的自理能力

主人公:卢俊,小学六年级学生,娇生惯养,自理能力差。

妈妈:

您今天上晚班,碰不着面,所以我给您留个字条。

明天我要参加大合唱比赛,老师要求穿白衬衫,您晚上下班后帮我拿出来;还有,明天早饭我不想吃面包了,您给我做面条吧;我的球鞋挺脏的了,您有空帮我刷刷!

卢俊

6月3日

男孩应具备这些生存能力

给您的建议

个人事务的自理能力是男孩要学会的重要生存技能,它能增强男孩的责任感和自信心,为男孩将来独立生活、成功走向社会打下基础。但是,在重智育的今天,个人事务的自理能力常常被忽略。现在的家庭中,独生子女占90%以上,他们多半饭来张口、衣来伸手,一切以"我"为中心,缺乏基本的自理能力。

放学时,学校门前水泄不通,围满了接孩子的家长。文文像一只快乐的小鸟一样奔出学校,跑向自己的守候者。这时,妈妈迎上去,心疼地取下孩子肩头的小书包、小水瓶,拎在自己手里。文文轻松了,而妈妈则"全副武装"了起来。

这天,文文放学后要参加一个小提琴等级考试,所以妈妈加快了脚步,连走带跑地赶到公交车站台,带着文文坐公交车去考场。

公交车上,妈妈不厌其烦地叮嘱文文:"考试的时候别紧张,像平时练习一样就行了。"快到站了,妈妈给文文围上围巾,戴上帽子。

"妈妈,鞋带松了。"文文边说边伸出脚。

妈妈弯下腰,为文文系好鞋带。车停了,妈妈拎着大包小包和琴盒,拉着孩子,匆匆地下车而去……

到了小提琴的考场,妈妈到处为文文寻找休息的地方,可是来参

加考试的同学特别多,有椅子、台阶的地方都坐满了。妈妈想了一会儿,拿出自己考虑了好多天才舍得买下来的丝巾铺在了地上,对文文说:"你休息一会儿!"而妈妈自己却站在了凛冽的寒风中,一站就是一个多小时。

终于轮到文文考了,妈妈把文文送到考场门口,期待着儿子顺利完成考试。

没多久文文便考完了。妈妈问文文考得怎么样,文文说还不错。妈妈高兴地亲了亲文文,对文文说:"今天我请你吃肯德基!"

点餐时,妈妈特地给文文点了两对奥尔良烤翅,而自己什么都没要。

"剥皮。"文文拿着一只鸡翅膀递给妈妈。文文吃烤翅是不吃鸡皮的,而剥皮的任务一向是交给妈妈的。

妈妈把剥下来的鸡皮自己吃,把香香嫩嫩的鸡翅递还给文文。

故事中的妈妈完全忽略了培养男孩的自理能力,凡事都包办代替。其实,培养男孩的自理能力和培养男孩的学习能力是同样重要的!家长在生活中可以这样做:

↑ 提供机会,让男孩尽情体验

能力是在实践的过程中得到发展的。男孩只有更多地参与到个人事务的处理过程中,才能发展他们个人事务的自理能力。在生活中,很多事情都可以让男孩自己去做,比如叠衣服、收拾房间,等等。在实践中,男孩自己去思考、去体验、去成长。爸爸妈妈可以成为幕后的把关者。

♂ 营造宽松的氛围,学会耐心等待

不要强求男孩第一次就做得很好,他们需要时间。当他尝试的时候,等着他,鼓励他。如果遇到早上赶着上班,那么请早点叫男孩起床,给他充足的时间。当他苦恼的时候,安慰他,帮助他。当他进步的时候,表扬他,激励他。相信男孩在爸爸妈妈的支持下会成长得更好。

♂ 教给男孩必要的方法

个人事务不是想做好就能做好的,它需要一定的方法和策略。比如,擦窗户的技巧和安全,叠衣服的小窍门,等等。在男孩遇到困难的时候,家长给予适当的方法指导是必要的。

让男孩"当一天家"

要培养男孩的自理能力,不如让男孩当一天家吧!家长在具体操作的时候,要注意以下几个方面:

第一,确立"当家"内容。家长可以确定几个"当家"的内容,比如让男孩主动整理自己的书桌、床铺,洗自己的衣物;让男孩帮助父母打扫卫生;让男孩为全家准备一日三餐;让男孩做好家庭生活一日安排,如看望老人,和父母一起读书等;还可以让男孩做好当天理财、迎来送往等。值得家长注意的是,要根据家庭平常的日常开支情况来确定男孩一天的生活费,也要给男孩写清细规则,比如打扫卫生的范围、项目,一日三餐的菜谱做到不重复,洗衣物的最低标准,等等。

第二,给予适当评价。男孩这一天的家当得怎么样,家长在结束的时候要给予适当的评价,该夸奖的地方不要吝啬,该批评的地方也不要客气,这样男孩才能认识到自己的不足,逐渐提高自理能力。

第三,让男孩写下自己的感想。男孩忙碌了一天,心中一定感慨良多:或感叹父母平日的辛苦;或发现了一些家务事的小窍门;或喜欢上了当"管家"的感觉……家长可以让男孩把自己的感受写下来,这对"当一天家"的活动是一个很好的自我总结。

我不小心把果汁洒在了妈妈的白衬衣上……
——让男孩自己找到解决问题的金钥匙

主人公：汤同，家中独子，父母是老师，重视家庭教育。

爸爸：

今天我在吃芒果的时候，不小心把果汁洒在了妈妈最喜欢的白衬衣上，不知道怎么办的我立刻打电话给您，要您帮我想想办法，看怎么才能清洗掉。您却拒绝了，让我自己的问题自己解决。当时我心里特别生气，没有跟您说再见就赌气地、不礼貌地挂了电话。

我自己尝试着用了洗衣粉、肥皂，都不行，正愁眉不展的时候，突然想到了可以上网查查方法。网上说，用84消毒液漂白一下，可以彻底洗干净，我抱着一丝希望用家里的84消毒液泡了一下，想不到真的有效！

现在，妈妈的衬衣已经洗干净晾上了，我回过头想想电话中对您

的态度十分不对,在这里给您道歉了! 对不起,爸爸!

汤同

10月12日

男孩应具备这些生存能力

给您的建议

每一个男孩在成长过程中都会在生活和学习方面遇到这样那样的问题和麻烦,家长要注重培养他们自己解决问题的能力。

诸葛亮出生在动荡不安的年代,但是在父母亲人的呵护下,也无忧无虑地成长着。6岁时,他被送到当地最有名的水镜先生那里接受教育。

在私塾里,先生养了一只公鸡,是用来报时的。先生讲课非常精彩,深入浅出,能牢牢抓住弟子们的心,小诸葛亮常常听得入了迷。可那只公鸡一到中午下课时就叫起来,天天如此,非常准时。只要它一叫,先生就宣布下课,让大家回家。小诸葛亮恨死这只公鸡了。

有一天回到家里,小诸葛亮因厌恨那只公鸡还在闷闷不乐。在厨房里做饭的母亲发现后就关心地问:"儿子,你怎么啦?"

小诸葛亮便把公鸡的事讲了一遍,然后他问:"娘,先生的那只大公鸡真讨厌,我想多学一会儿,它都不让。为什么它一到时间就叫呢?怎样才能让它晚点叫呢?"

母亲听后,轻轻地笑起来了。她说:"这好办啊,先生的公鸡一到时间就叫,那是人调教的结果。要想让它听你的,你也要调教它呀。"

"那怎样调教它才好呢?"

"那就看你怎么动脑子了。"母亲一边淘米一边说,"只要肯动脑子,任何事都可以找到解决的办法。你好好想一想,也许就能有办法了。"

小诸葛亮眨巴着眼睛,看到母亲手中的大米,眼前忽然一亮,一个"收买"公鸡的办法就产生了。

第二天,小诸葛亮用一个小布袋装了点米就出门了。从这天开始,先生的公鸡就叫得不准时了,越叫越晚,没有规律。甚至中午时间早过了,先生还在滔滔不绝地给弟子们讲课呢。

时间长了,先生也有些疑惑。为了弄个水落石出,他就开始留心他的公鸡。该下课了,就在那只鸡支好架势准备叫时,突然有个学生悄悄向窗外撒了一把米。鸡一见到米,就忘了报时的事,跑去吃米了。而那个学生正是诸葛亮。

先生勃然大怒,训斥道:"你小小年纪竟敢戏弄先生?"

小诸葛亮赶忙向先生道歉:"对不起,先生。您讲的课非常好,我不希望公鸡叫起来打搅您,才故意让它晚叫一会儿。"

"哦,原来你是想多学一会儿。"先生原谅了他,"好吧,你愿意的话,放学后就来我家里,我会给你讲习功课的。"

小诸葛亮听到这话,高兴地笑了。

男孩在遇到问题的时候,他们有两个途径以解决问题,一个是自

己动脑思考自己解决,一个是向父母家人求助。据调查,选择前者的只占很少的一部分,而选择后者的却是绝大多数。其实选择后者也无可非议,因为男孩总有自己解决不了的问题。但男孩向父母求助时,父母的态度却是至关重要的。

有的父母为了帮男孩解决问题,让男孩尽快从困境中走出来,重新获得快乐和满足,于是不遗余力地帮助男孩想办法,甚至亲历亲为,代替男孩去做这件事情。这样一来,男孩就失去了独立想办法解决问题的机会,久而久之,就会变得懒于动脑,事事都需要依靠父母的帮助才能完成。

有的父母却是通过对男孩的赏识和鼓励,让男孩自己去解决所遇到的问题和麻烦,逐步锻炼男孩解决问题的能力。诸葛亮的母亲就是这类父母中的一个代表。她首先在无言中赞赏了男孩的求知欲,其次点出了问题的关键所在,但又不说透,这就给锻炼诸葛亮自己动脑解决问题的能力留下了很大的空间。能有这样的父母确实是男孩一生的幸运。

一个男孩,迟早要自己去面对问题,面对人生,如果没有足够的适应能力,没有勤于动脑的习惯,就不能取得发展和进步,也就必然会被社会淘汰。何况有很多问题,父母根本无法代劳。因此,建议所有的父母,相信自己男孩的潜力,在男孩遇到问题的时候,鼓励他们

充分挖掘自己的潜力,自己去解决问题。

另外,还有一个帮助男孩提高解决问题能力的方法想要提供给各位父母,大家不妨一试。

在男孩遇到麻烦时,让男孩回答五个问题:

真正的问题是什么?

想要的结局是什么?

成功的障碍是什么?

谁最有能力、最可能帮助你成功?

需要说什么或做什么才能得到那个人的帮助?

这五个问题能帮助男孩理性地分析目前自己的状态,理清男孩的思路,找到最快解决问题的方法。当然,对男孩提问不一定非要这样直接,父母还可以采用类似于"如果……谁可以帮助你?""如果……你可以去哪里寻求帮助呢?""如果……你怎么办?"等表述方式。

男孩应具备这些生存能力

——培养男孩的决策能力

主人公：袁鹏飞，初中三年级学生，成绩中等，独立性强，处事果断。

爸爸：

不管您怎么想，我还是决定报考师专。

我知道，您一直想让我考重点高中，可是我的成绩并不算特别优秀，考重点高中有点玄。考师专的压力相对小一些，考上以后可以比较容易找到工作，不用为将来担心。虽然这个师专只是个五年制大专，学历比较低，但是我以后可以一边上学一边进修本科，不会耽误。

这个决定我也跟我的好朋友、老师都讨论过了，希望您考虑我的意见。

鹏飞

5月19日

给您的建议

自己决策是男孩独立意识发展的一个非常重要的方面,家长要从小培养男孩自己决策的能力。男孩的事应该由男孩自己去思考,自己去决断,家长不要做决定,要让男孩自己去动脑筋,想办法,做出决策。家长可以帮助男孩分析,引导男孩决断,但不要干涉,更不要包办,代男孩决策。比如信中的主人公鹏飞,他有自己的想法,家长就应该认真听一听,然后帮助孩子一起分析,给出自己的意见,然后让孩子自己决定。如果不这样做的话,就容易重蹈下面的覆辙。

哈比已经是七旬老人了,他如约参加了大学的同学会,听见他的好朋友鲍勃——当然也是一个白发苍苍的老头了——还在抱怨,当年他父亲不该帮他选了土木工程这个专业……

"你都说了一辈子了,还没说够吗?"哈比对鲍勃说。

"那是我一辈子的痛,如果他们当初同意我去做个服装设计师,也许我的命运会从此不一样!"鲍勃执着地这样想。

"哎,其实错在你自己!为什么非要听父母的话呢?难道你不会和父母好好沟通,做出自己的决定吗?"

鲍勃猛然醒悟,老泪纵横。是啊,最终做出决定的是自己,迈进土木工程系的是自己,当初自己的决策能力去哪儿了呢?

鲍勃成了老头还在埋怨自己父母代替自己做出了人生重要的决策,虽然最后他认识到了自己的错误,但是这个故事也应该引起家长的注意。男孩的决策能力影响男孩的一生。家长不仅仅应该让男孩自己决策,还应该教给男孩如何决策。试想一下,如果鲍勃的父母和鲍勃好好商量,告诉他选择土木工程和时装设计的利与弊,也许鲍勃在深思熟虑过后也会选择土木工程,但在他后来的人生中第一不会抱怨父母,第二他懂得了在纷繁复杂可能性的选择项中选择出最为科学和合理的选择项。

家长要从小培养男孩的决策能力:

男孩的事由男孩自己做主

一方面,男孩的事就放手由男孩自己决定。例如男孩有什么样的兴趣爱好,父母就尊重男孩的这一爱好,而不要强迫男孩去适应父母的安排。另一方面,父母不要包揽那些本属于男孩的事情。例如,男孩做力所能及的家务事、男孩文化学习方面的事,等等,父母就不要去包揽或干预,由男孩自己完成和自主安排。

⇧ 男孩之间的事也由男孩做主

男孩们在交往过程中难免会出现一些矛盾和争执,而在这种时候,父母不要去干预,这是因为男孩们有他们自己处理矛盾和争执的原则。如果父母干预了,不仅可能使矛盾"升级"而达不到解决矛盾的效果,而且对锻炼男孩的决策能力也是不利的。

⇧ 父母的事请男孩参谋

父母的事请男孩参谋,不仅能够很好地培养男孩的决策能力,还能给男孩心理的满足感。例如,在商店买衣服时,请男孩看看想买的这件衣服的颜色、式样、做工如何,是否适合给自己穿。如果父母最终按照男孩的意思购买了或放弃了这件衣服,男孩一定会感受到父母对他的尊重,并对自己的决策能力充满信心。

男孩应具备这些生存能力

主人公：李昂飞，小学六年级学生，学习成绩好，但却是个"慢性子"。

爸爸：

您让我做的时间计划表我做出来了，放在客厅的餐桌上。

做这张计划表的时候，我才发现自己原来有多么浪费时间。谢谢您给我提这么好的建议。希望我按照这张计划表来生活、学习之后，能够改掉我"慢腾腾"的坏毛病。

现在已经是深夜了，我就不吵醒您了，所以留下张字条。

飞飞

3月9日

给您的建议

时间就是金钱,一寸光阴一寸金。法国思想家伏尔泰曾出过一个意味深长的谜语:"世界上哪样东西最长又是最短的,最快又是最慢的,最能分割又是最广大的,最不受重视又是最值得惋惜的?没有它,什么事情都做不成,它使一切东西归于消灭,使一切伟大的东西生命不绝。"这个谜底是什么呢?答案是:时间。

实际上,很多人对于金钱的管理比较留心,可是对时间的管理却往往不留意。对于男孩来说,更要珍惜大好年华,不断地提升自己,让自己成为一个有用之才。可是,很多男孩都有浪费时间、拖沓的毛病,从来不注意自己的时间管理。

沙沙都上小学五年级了,可是做什么事都不紧不慢,起床要半小时,吃饭要半小时,上个厕所还要半小时。别人不催,他更不着急。尽管妈妈一直催促他"快一点,快一点",但仍起不到效果,有时甚至对他发火都无动于衷。妈妈劝过他,也训斥过他。他当时改了,但过不了几天就又犯了老毛病。

星期六的晚上,沙沙说作业不多,要看会儿电视。妈妈同意了。结果他从10点开始写作业,40分钟只做了两道题,然后又请求说太困了,剩下的四道题想明天早晨再做。妈妈只好随他。第二天一早,

他6点多就起床了,可是只做了一会工夫就又上床睡了。妈妈检查他的作业,发现那四道题根本没做。于是,吃饭时妈妈再次对他进行劝导和说教。可是,他却一脸的不耐烦,趁妈妈不注意,竟偷偷地跑出去玩了。

沙沙这种拖延的现象还不是一次两次。每到周末,老师留的家庭作业,他都必定要挨到周日的晚上才开始搞突击,有时写不完就把填空和选择题留着,等周一上午上课前,找同学抄一遍。每天的作业,他也是经常要做到十一二点钟,甚至要到第二天早晨起来还得补一课,才能完成。

时间悄无声息地流逝了,成功往往掌握在会管理时间的人的手中。帮助男孩养成良好的时间管理能力非一日之功,需要父母从以下几点做起。

↑ 培养男孩良好的时间观念

让男孩正确认识时间的价值,告诉男孩时间是最宝贵的,不要浪费时间。可以在男孩的卧室里贴一张便条,写上名言警句,如"一寸光阴一寸金,寸金难买寸光阴""时间就是效益,时间就是生命,时间就是一切"等和时间有关的名言,以激励男孩珍惜时间,不要浪费时间。

☝ 让男孩遵循一定的作息规律

男孩对时间的理解往往比较抽象，他们也体会不到时间的重要性，但是父母一定要坚持让男孩养成有规律的作息习惯。良好的作息习惯是珍惜时间的前提。父母可以和男孩共同制定一份作息时间表，什么时候起床，洗漱要多长时间，吃早餐要多长时间，什么时候写作业，什么时候睡觉等，把作息时间定下来，让男孩合理安排自己的时间，慢慢地就养成了一种习惯。但男孩的执行能力往往比较差，常常是一边吃饭，一边玩耍；做事总是杂乱无章，缺乏条理。这时候，父母就要对男孩正确地引导，规定男孩在一定的时间内去做某一件事，不可分心，不可浪费时间。这样不仅有助于男孩养成良好的生活习惯，还会使男孩在规定的时间内集中注意力，从而提高学习效率。但父母一定要注意，在男孩高质量高效率地提前完成学习任务时，千万不可以再追加作业。正确的做法是给予男孩鼓励，并奖励男孩一定的时间来休息和娱乐。

男孩应具备这些生存能力

↑ 教育男孩善于抓紧时间

有的男孩放东西总是杂乱无章,经常会为找东西浪费许多宝贵的时间。为了让男孩养成珍惜时间的习惯,告诉男孩一切生活与学习用品,摆放要有序,要有定规。要让男孩养成今日事今日毕的习惯,督促男孩把应该做的功课按时完成,不要随意将任务推延。在教育男孩的过程中,父母要有耐心,切不可性急焦躁。

↑ 教育男孩按照任务的轻重缓急安排事情

父母应该让男孩明白事情的轻重缓急,哪件事先做,哪件事后做,让男孩合理地安排时间。但男孩往往分不清事情的重要程度,这就需要父母指导男孩把自己要做的事情按照重要程度和紧迫程度排列顺序,例如:第一类是最重要的,如考试、写作业;第二类是比较重要的,如进行课外阅读;第三类是不太重要的,如玩游戏、逛街等。如果男孩能够按照这个顺序来安排自己的时间,那么就可保证男孩把学习安排得井井有条,从而提高时间的利用率。

↑ 给男孩一定的玩的时间

在男孩紧张的学习之余,要给他们一定的玩的时间。有的父母认为男孩学习不够集中精力,写作业太慢,才导致没有了玩的时间。实际上男孩是因为没有自己支配的时间,才故意拖拖拉拉,不珍惜时间。所以父母要给男孩一定的自由支配时间,让男孩去做自己想做的事。比如,有的父母要求男孩每天放松一小时,在这一小时内,男孩可以做自己想做的事,比如听音乐、做游戏、休息等,不管干什么,爸爸妈妈都不去干涉。有了希望,男孩就会愿意集中精力去学习,而且学习效果也会更加理想。

↑ 让男孩定期检查时间运用情况

男孩的时间浪费掉了,可能男孩自己都不知道,所以,为了让男孩养成不浪费时间的习惯,父母可以让男孩对自己每天要做的事情制订一个计划,在晚上再对自己的计划进行总结,看看哪些事完成了,哪些事没有完成,完不成的理由是什么,是不是浪费时间了。然后,要求男孩减少时间的浪费,每天按计划完成任务。

男孩应具备这些生存能力

赶紧做做我给您出的脑筋急转弯!
——提高男孩思维的灵活性

主人公:陶华,小学五年级学生,性格活泼,思维活跃。

爸爸:

您给我出的几个脑筋急转弯我答出来了。

1.上课铃声响了,却没有一个同学在教室里,怎么回事?

因为上的是体育课。

2.什么布切不断?

瀑布。

3.为什么8岁的小明能一只手让车子停下来?

因为小明在拦出租车。

4.有一位老大爷,住在十二层高的楼里,可为什么他从不乘电梯?

因为老大爷住在一楼。

5.什么东西能加不能减?

年龄。

怎么样,我是不是都答对了?

下面是我给您出的题:

1.在什么时候1+2不等于3?

2.什么越洗越脏,不洗有人吃,洗了没人吃?

3.黑人和白人生下的婴儿,牙齿是什么颜色?

4.什么东西做的人知道,买的人知道,卖的人知道,用的人却不知道?

5.至少要多少时间才能读完清华大学?

赶紧做完我给您出的题啊,我们要比比到底谁的脑袋更灵光!

小华

9月9日

男孩应具备这些生存能力

给您的建议

思维能力是人的一种高级认识能力,是在感觉、知觉、记忆等过程的基础上产生的,是智力的核心。思维的灵活性是指善于打破陈规,按不同的条件,不断地调整思维的方法,灵活运用一般的原则和原理。思维灵活、敏捷的男孩有较强的分析和解决问题的能力,能够快速作出正确的分析、判断。

绝大多数人都听说过发明大王爱迪生的故事。当他在测量灯泡体积时,复杂的计算让他头疼不已,于是,他马上放弃了这种方式,利用灯泡在水中的体积来计算,问题很容易便解决了。还有他为了发明电灯,曾试过一千多种材料,最后终于找到了适用于电灯的炭化竹丝。人们常常拿这个故事来说明失败乃成功之母的道理,但是,也可以说正是由于爱迪生具有灵活的思维,不拘泥于某一种形式才取得了成功。与此同理,家长在培育男孩的过程中,有意识地提高男孩思维的灵活性是非常重要的。

↑ 判断男孩思维的灵活性如何

自家男孩的思维是不是具有灵活性呢?家长可以参考以下几个

判断的标准:

第一,男孩喜不喜欢看智力测验题、脑筋急转弯、猜谜语,并且大多数情况下,都能快速、准确地给出正确答案。

第二,面对生活或学习中的问题,男孩能不能够在较短时间内找到行之有效的解决办法。比如,在玩耍时将皮球掉到树洞中,无法直接拿出来,便很快想到往树洞里灌水,使皮球浮上来,顺利地拿出皮球。

第三,对不能解决的问题,男孩是不是总是自己通过试验得出答案。是否喜欢思考,爱动脑。

第四,男孩的思维是否具有发散性,能从不同的思路找出解决问题的不同办法。比如是不是擅长做一题多解。

第五,男孩的联想力是否丰富,能否通过一件事便可由此及彼,联想不同事物间的共同特征。比如,讲到"微风",男孩自然而然便想到"风筝"。

第六,男孩是否具有强烈的好奇心和求知欲望,遇到不明白的问题,无论如何都要找到答案。

第七,男孩的爱好、兴趣是否广泛,是否有很强的自信心。

如果肯定的答案比较多的话,那么这些男孩的思维就比较有灵活性。

男孩应具备这些生存能力

↑ 丰富男孩的知识

男孩的知识越丰富,思维也就会越活跃,因为丰富的知识和经验可以使男孩产生广泛的联想,使思维灵活而敏捷。根据男孩思维的具体形象的特点,家长要重视运用直观教育,尽量调动男孩的感觉器官,使之能充分感知周围的事物,增进感性知识和经验。可以的话,家长应经常带男孩外出参观、游览,在游玩时多问男孩一些问题,促进男孩积极思考,如"这棵树的形状像什么?",促使男孩仔细看、认真想。

另外,家长还可以每天花一定的时间组织男孩进行见闻汇报,一边帮助男孩理清思绪,一边提供必要的词语,让男孩说出自己的见闻。这样,男孩既锻炼了思维,发展了语言,又巩固、丰富了知识,一举数得。

↑ 为男孩设疑

在男孩阅读或者做其他事情的时候,家长可以给男孩留下一些悬念,一些疑问。比如问男孩:"一位小朋友,扛着扁担到田里去帮大人抬菜,半路上看见水渠对面有只小花猪正在瓜田啃瓜。他想去赶,但被一米多宽的小渠挡着,怎么办?"让男孩帮家长想个过渠的办法。这一悬念能激发男孩思维的积极性,他们会在特定的情景中想出各种办法来:扁担架在渠道上爬过去;脱了鞋子走过去;用扁担支住渠底,像撑杆跳高那样跃过去……男孩面对疑难积极思考,从而受到思维灵活性的训练。

⇧ 让男孩经常处在问题之中

思维是从问题的提出开始的,接着便是一个问题的解决过程,所以说问题是思维的引子。经常面对问题,大脑就会积极活动。

当男孩爱提各种各样问题的时候,家长要跟男孩一起讨论、解释这些问题,家长的积极主动性对男孩影响很大。如果遇到自己也弄不懂的问题,可以通过请教他人、查阅资料、反复思考获得答案,这个过程最能提高男孩的思维能力。男孩随着年龄的增长,他不会像以前那样爱主动向家长提问,所以这时家长应该主动提出一些问题进行讨论。

利用想象打开男孩的思路

想象力是智力活动的翅膀,为思维的飞跃提供强劲的推动力。因此,要善于提出各种问题,让男孩通过猜想来打开思路。牛顿从树上掉苹果而产生想象,进而研究出万有引力定律。某物理学家在评论爱因斯坦时说:"作为一个科学家,他的力量和名声,在很大程度上应归于想象力给他的激励。"这些都从一个方面说明了想象的重要性。家长要善于利用想象打开男孩的思路,比如,让男孩联想"铅笔的作用",除了写,其实铅笔还有很多灵活多变的作用,可以鼓励男孩大胆想象。

我做了一盆"轮胎盆景"！
——激发男孩的创新思维

主人公：孟晓，初中一年级学生，活泼好动，喜欢发明创造。

爸爸：

我今天用轮胎做了一盆盆景！

您一定很难想象吧？我把盆景放在了您的书房，您明天早晨醒来就能看到了！

这盆盆景是我的"得意之作"，我把3个废轮胎叠起来，用涂料刷涂了一遍，然后用花园土和堆肥的混合物填满它们，先放入一些大的植物，然后在周围植入一些小的植物，最后在轮胎上还贴上了它的名字——"没错，我是轮胎盆景！"

我自己觉得很棒！请您看到以后，跟我说说我做得怎么样啊，帮我看看有什么要改进的地方，我想用这盆盆景参加学校的创新比赛！

谢啦！

孟晓
6月3日

男孩应具备这些生存能力

给您的建议

创新思维是指对事物间的联系进行前所未有的思考,从而创造出新的思维方法,是一切具有崭新内容的思维形式的总和。一切需要创新的活动都离不开思考,离不开创新思维。可以说,创新思维是一切创新活动的开始。男孩的创新思维需要从小培养,他们的思维具有极强的可塑性。使男孩处于萌芽状态的创新能力得到发展是家庭教育的一个重要任务。

江苏省常熟市何市镇有个叫陆宏达的小男孩,因从小随父母下地劳动,对蜗牛危害农作物特别是棉花幼苗的现象深为痛心,而又苦闷于蜗牛背着"房子"走四方,一般农药奈何不了它,于是突发奇想:要是有一种虫子能吃蜗牛就好啦!他经过夏秋两个季节仔细地寻觅观察,终于发现了一种小黑虫是蜗牛的天敌,并掌握了它的生活习性,提出了"以虫治虫"的大胆设想。在科研单位的帮助下,陆宏达的愿望实现了,目前一种全新的"以虫治虫"的方法已被实验用于蜗牛试验防治工作中。为此,陆宏达被誉为"发现蜗牛克星的第一人"。

杭州市有个小女孩,因父母外出不在,就留她在家照顾卧病在床的老奶奶。奶奶想吃玻璃罐头瓶里的糖水桃子,小女孩用刀子撬,用菜刀割,手指被扎破直流血,可是罐头瓶盖还是打不开。小女孩想:

别的小朋友、叔叔阿姨、爷爷奶奶也这样开罐头该是多么不方便呀！如果能在铁皮卷边的地方加一个小环，手指套在小环里沿着压橡皮的外圈把铁皮拉开，罐头不就被方便地打开了吗？她的这一想法不仅得到了家长的肯定，还得到了学校老师的支持，人们帮助她完善了这个构想。不久，一种侧拉开瓶式玻璃罐头的发明诞生了。为此，这个女孩成为了我国年纪最小的发明专利的申请者。

很多人把创新思维看得很神秘，觉得那是智商高、特别聪明的人才具备的，其实创新能力并不是那么高不可攀。对于男孩来说，虽然他们并不能创造出什么"震撼世界的东西"，但他们却蕴藏着巨大的创新潜能。家长要做的就是逐步开发男孩的潜能！

男孩缺乏创新意识的原因

虽然每个男孩都有创新的潜能，但是在现实中，具备创新意识和创新能力的男孩那么少，究竟是为什么呢？

第一，教育方式的影响。就目前我国家庭的结构以及成员的组成而言，家庭对孩子的重视是顺理成章的，但是很多家长重视的方式不对。多数家庭的教育重心完全倒向技巧与智力训练，这种训练导致男孩过早地厌倦学习、抵制接受新事物。尤其当男孩面临着毕业、升学的压力时,家长是"一面倒",更重视男孩的学习成绩,这无形中抑制了男孩创新潜能的充分发挥,摧残了男孩的创新灵感,扼杀了男孩创新的嫩芽。

第二,传统观念的影响。中国儿童教育的特点是注重"听话教育"与"知识教育",以"乖孩子"和"有特长"为理想目标,不注重心理素养教育与创新能力的发掘。要求孩子不能想别人没有想过的,不能做别人没有做过的,强调接受能力,忽视躬身践行,导致孩子动手能力差,依赖性强。这种教育理念必然会扼杀男孩的创新精神。

营造和谐的家庭氛围

家庭是男孩接触的第一环境。在家庭中营造一个宽松的氛围,让男孩自由想象,与男孩进行平等交流,这对促进男孩的创新思维有十分重要的作用。在这种气氛下,男孩和父母有着积极交流的愿望,男孩往往会尝试着想出一些新颖的主意,使自己的行为和思维方式更具独特性。也只有在这种气氛下,男孩敢疑、善疑、敢问、善问、敢于创新、善于创新。

☝ 引导男孩敢于表现自己

创新是一个表达自主想法的过程。只有勇敢地把自己的想法表达出来,不拘泥于习惯的做法,才可能在今后的学习、社会竞争中表现出与众不同的创新意识。为此,家长要有意识地培养男孩敢于表现自己的能力。比如,家长可以经常带男孩参加一些人数比较多的活动,让男孩勇敢地去表演一个节目,或主动向其他人表达自己的看法。这样做能为男孩创新思维的培养奠定一个很好的基础。

☝ 兴趣是创新思维的发动机

大科学家爱因斯坦曾说:"兴趣是最好的老师。"当男孩对某件事物有了浓厚的兴趣时,就会主动运用各种感官去看、去听,动口说、动脑想、动手操作,积极探索。男孩的兴趣越浓,就越能充分调动其创新思维的活动。

鼓励男孩参加实践活动

只有在参加各种活动中,男孩的创新思维才能体现出来。家长要有意识地培养男孩的动手能力,鼓励男孩参加实践活动。比如家长可以和男孩一起动手做他们喜欢的东西;一起研究钥匙机器人、变形金刚等拼装玩具……与此同时婉转地对男孩指出哪里做得不好,进一步培养男孩的创新思维。

学会欣赏男孩的作品

男孩眼中的世界是极为精彩的,他们展现自己的心灵世界的方式也是极为丰富的。作为家长,要学会认真聆听男孩的心声,学会欣赏男孩的每一次表现,哪怕是一个小小的有创意的变化,一个新的词语,一首不成调的歌曲,都要真心地发出赞叹。那样,男孩会很开心,"创作"的灵感就会源源不绝。

——让男孩拥有强健的体魄

主人公：祝中宇，初中生，略胖。

妈妈：

你自己不早锻炼，为什么要逼着我起来锻炼呢？我不去！天那么冷，就算你把我叫醒了我也不会去的！

这字条我贴在门上，希望你明天敲我的门之前看到它！

中宇

1月9日

给您的建议

虽然男孩爱打闹、好动,但如果真要让他去锻炼身体,大多数男孩就会像信中的男孩一样,开始找各种理由来拒绝。这充分说明了男孩虽然有充沛的精力,但除非这项运动男孩很感兴趣,否则他宁愿在家一个人玩儿,也不愿去运动。

小杰是个爱动的男孩儿。刚刚放了暑假,小杰就找了几个朋友到外面去玩了,可是玩了几天,小杰就觉得很没意思,再加上天气太热,所以,整个暑假小杰几乎是在空调屋里度过的。

他每天只是看电视、玩游戏,再有就是做暑假作业。一个假期下来,他胖了,但是常常感觉身体没劲,没有了以前的那股精神气。

本来很渴望假期,可是真放了假,男孩又不知道该做什么。这样男孩假期的大部分时间就都浪费掉了,而且因为缺乏锻炼而变成了"小胖墩";不规律的起居生活引起食欲减退、营养不均衡、精神不振等现象;或者因迷恋电视、电脑、电子游戏,使视力大为下降。一个假期下来,很多男孩却以病态的身体出现在校园里,这不得不引起家长的注意。如何让男孩的假期过得更加有意义呢?

父母可为男孩制订一份合理的假期锻炼计划,让"小胖墩"加入到运动的行列中来,鼓励和督促他锻炼身体,这样就能锻炼出一个身

强体壮的男孩来。

一天傍晚,涛涛和妈妈一起到公园去遛弯儿。在公园的广场,有很多小男孩穿着溜冰鞋在溜冰,这让涛涛煞是羡慕。

妈妈看到涛涛这么着迷,就决定给涛涛报个溜冰班,这可把涛涛给高兴坏了。

刚开始,涛涛还满怀信心地去学,但当他穿上溜冰鞋发现自己根本无法站立时,就有点泄气了。这时,妈妈鼓励儿子说:"宝贝,别人能做到,妈妈相信宝贝也能做到!来,再试一下,勇敢点。"

在妈妈的鼓励下,涛涛能穿着溜冰鞋自由运动了。最后,涛涛终于也能变着花样自己滑行了。

整个假期,涛涛过得都很充实,不仅结交了新朋友,还学会了一项特长,而且这项特长让涛涛成为同学们羡慕的"偶像",着实令涛涛感到满足。

可见,对于男孩来说,运动的好处多多。但是,面对那些真不想运动的男孩,家长真的要费点心思了。有的男孩一听说父母要带他去跑步或者做其他运动,他就要起赖来。对于不喜欢运动的男孩,那么父母该如何引导呢?如何让男孩爱上运动?

从体育游戏开始

如果把运动当作一种游戏来做,相信每个男孩都会爱上运动的,因为男孩天生就喜欢玩游戏。在运动的同时玩了游戏,既锻炼了男孩的身体素质,又满足了男孩的心理需求。

许多体育游戏中有发展各种能力的动作游戏,比如"捉迷藏"的游戏能发展跑的能力,"走铜丝"的游戏能发展平衡能力,"运西瓜"的游戏能发展抛接球的能力,"小猴摘桃"的游戏能锻炼跳跃能力等。

当然也可以让男孩子玩玩具游戏,像积木、绳子、沙包等都是男孩喜欢的活动玩具。男孩们玩这些玩具的同时,也能发展视觉、触觉。玩玩具是男孩的天性,玩玩具游戏不仅让男孩心情愉快,还能让男孩爱上运动,并且增强男孩的体质和反应能力。

尽量做到活动多样化

如果经常性地只做一种运动,一是对男孩的身体发育不利,不能锻炼身体的各个部位,二是男孩习惯于做一种运动,慢慢地会丧失对运动的兴趣。有的男孩在学会一种运动之后,总是习惯于做某一项

运动,对男孩来说这种习惯并不好。男孩正处于生长发育的过程中,身体各部位基本上还未定型,如果长时间只进行某一种运动的话,就会造成某个部位特别发达,而其他部位却发育不良。所以男孩在运动时要尽量做到多样化,双腿既要走、跑,也要有蹲,身体有屈也要有展,两臂有伸也要有举,各种动作配合进行,才能促进身体的全面发展。

↑ 给男孩提供一些体育用品

男孩为运动而运动总感到枯燥,父母可为男孩配置一些体育用品,增加活动的趣味性,如球类、橡皮筋等。另外,为了方便男孩运动,应该让他穿运动鞋和运动服。

↑ 选择男孩喜欢的运动项目

有的男孩就比较认"死理",只要他喜欢的事情,不用家长催,他自己也能做得很好;如果他不喜欢的事情,即使家长再催,他也懒得动。面对这种男孩,家长不妨选择他喜欢的运动项目,或者想办法吊起他的"胃口",引导他去锻炼身体。

男孩应具备这些生存能力

亮亮本来就是个不爱运动的男孩。自从家里买了电脑之后,他就变得更懒了,以前的游泳班放弃了,甚至连晚饭后和妈妈散步的计划也放弃了。看着儿子"不务正业",妈妈都不知道该怎么办。

一次,妈妈送亮亮上学。在路上,他们看到有人在练武术,一下子让亮亮着迷了。放学之后,亮亮就迫不及待地加入到练武术的行列中来,并且和妈妈约定,以后放学都要去练一个小时的武术。这下,亮亮的父母再也不用担心儿子的运动量不够了。

面对不爱运动的男孩,父母不妨多费费心思,多利用利用男孩的心理。比如说,男孩喜欢竞争,那爸爸就与男孩一起赛跑;男孩对很多事物都充满好奇,那就不妨带男孩去旅行……其实,世界上没有懒惰的男孩,只有不会引导男孩的父母。只要父母积极地开动脑筋,用心地去思考,即使有点懒的男孩,也会心甘情愿地参加运动。